地域批評シリーズ④

これでいいのか
神奈川県横浜市

まえがき

横浜は若い都市だ。国内の有力都市の中でも際立っている。江戸時代以前にルーツを持たない唯一の大都市というべきだろう。

その横浜が、今再び大変化の時を迎えている。横浜開港から150年あまり。明治の未来都市は、平成の未来都市へとさらなる進化を続けている。

変化は、街の建物や店舗といった景観だけに起こっていない。そこに住む人々にこそ、大きな変化がみられる。本書が注目するのは「横浜市民の二分化」だ。そして、この二分化こそが変化の真相。つまり、横浜が発展したから住民が変化したというよりも、住民の変化に合わせて横浜が変化しているのである。

今、横浜の街にはふたつの「人種」が住んでいる。これを本書は、

「横浜型住民」

「東京型住民」

と名付けた。この両者は、生活スタイルも志向、性向、居住区域も全て違う。

横浜型住民は、横浜駅を中心とした東南部に住む。彼らは生粋の「ハマっ子」。

明治の昔から横浜に住み、骨の髄まで「横浜的価値観」に染まった人々だ。彼らの行動パターンは基本的に地産地消。横浜に生まれ、横浜に育ち、横浜で生活し、横浜で死んでいく。ともすれば「横浜に引きこもって生きる」のである。それが可能なだけの実力を「地方都市」である横浜は持っている。ハマっ子のルーツは安政6年（1859年）の開港以降、それまでは小さな漁村だったこの地に、江戸や甲州（山梨県）などからやってきた「新住民」だ。かつてない大規模な西欧文明との交流の玄関口となった横浜には、新しい物好きで洒落を好む「人種」が集まった。その血が、今に受け継がれている。

これに対し、横浜市の北西部、つまり内陸部は、長らく古くからの農村として変わらない景色を残していた。海の街横浜で、山野は発展から取り残されていたのだ。しかし、本格的には1990年代以降。この内陸部に大きな変化が訪れる。東急電鉄を中心とする大規模な「ニュータウン」開発が到来。それ以前のニュータウンの反省を活かした現代的な開発により、現在の青葉区を中心とする内陸部は瞬く間に最先端の街となった。ここに住む人々が東京型住民である。

東京型住民は、横浜市民でありながら「ハマっ子」ではない。勤務地は東京各地。買い物も渋谷か銀座。バブル期からその力を残した時期に開発された街だけに、一定レベルの富裕層しか購入できなかった土地だ。全体的な学歴、職種の「レベルが高い」人々が中心。地方から東京にやってきた人が多い。ハマっ子はもちろん、江戸以来の江戸っ子や戦前からの東京市民とも違う、新しい時代の「東京型住民」である。100年以上の時間を掛けて熟成された「横浜」とは縁もゆかりも共感もない人種なのだ。

横浜型住民と東京型住民を隔てる壁は、こうした「人種」だけではない。横浜型住民のメイン路線であるJR東海道線、京急、相鉄、東急東横線などと、東京型住民の東急田園都市線は、物理的に分断されていると言ってよく、わずかに市営地下鉄が細いつながりを維持しているに過ぎない。これでは「分断」が起きるのも当然である。

2009年に刊行した『日本の特別地域　これでいいのか横浜市』はこの二分された横浜市民の姿を分析し、大きな反響を賜った。だが、その後の横浜市はさらなる変化を遂げている。2011年の『日本の特別地域　これでいいのか横浜市2』では、各地で大規模な再開発が始まった横浜市をルポした。

本書は、この2冊を再編集し、6年の間に起こった変化もふまえ、改めて横浜市を研究する。いつ終わるともしれない横浜駅の改装。市営地下鉄の強化計画。乗り入れ路線の拡張。ほんの数年で、横浜市は何が変わり、何が同じままなのか。横浜型住民と東京型住民の隔絶は緩和されるのか、その溝はより強まるのか。何よりも、これからの横浜市が今までよりも暮らしやすく、また「横浜に住む喜び」を感じることができるのか、それとも悪化していくのかを探る。

豊富なデータ解析と地道な取材によりみえてくる「今の横浜とこれからの横浜の姿」。既刊2冊と合わせ、その変化を存分にご覧いただきたい。

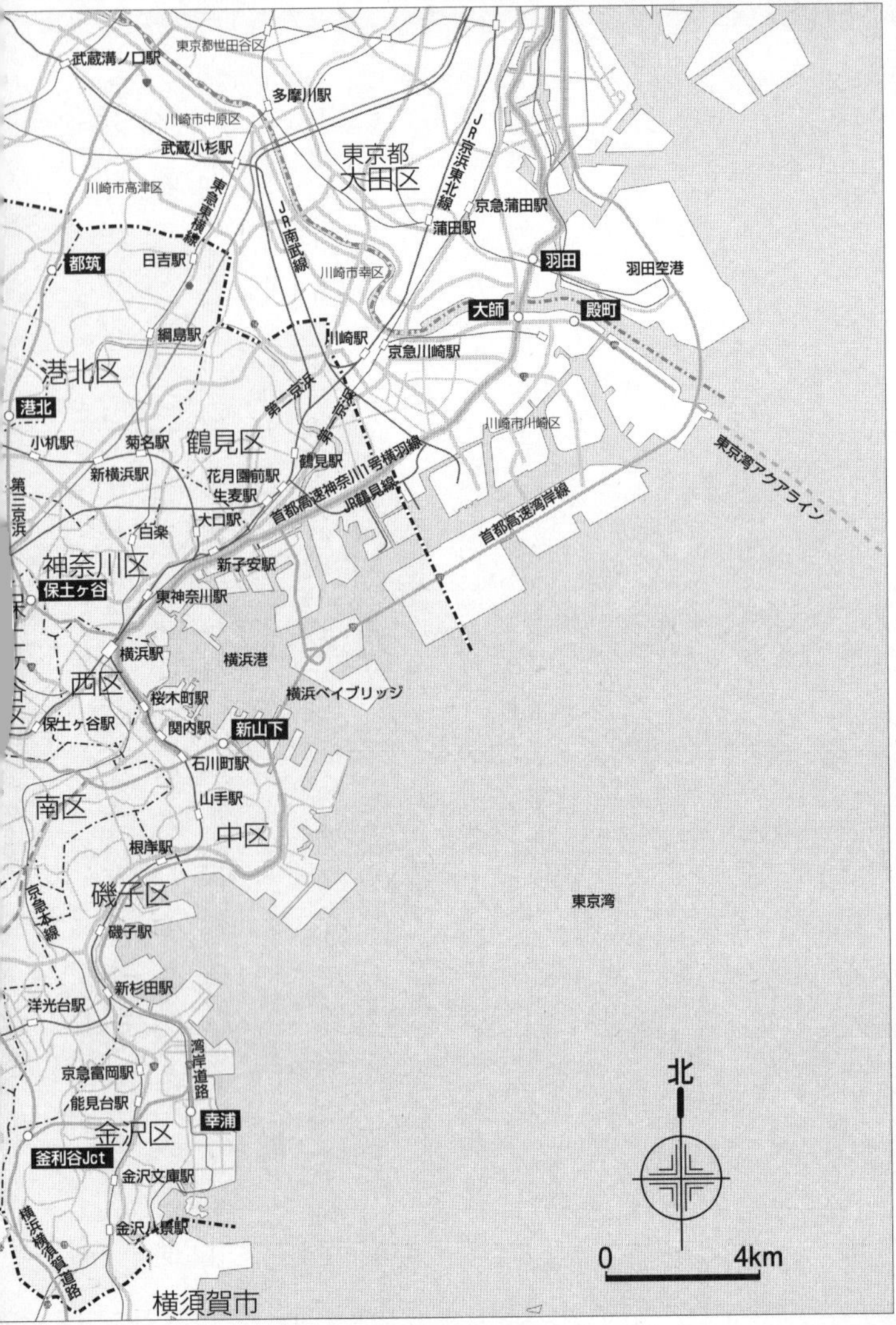
東京都世田谷区
武蔵溝ノ口駅
多摩川駅
川崎市中原区
武蔵小杉駅
東京都
大田区
JR京浜東北線
東急東横線
川崎市高津区
JR南武線
京急蒲田駅
蒲田駅
都筑
日吉駅
川崎市幸区
羽田
羽田空港
大師
殿町
綱島駅
川崎駅
京急川崎駅
港北区
第二京浜
港北
第一京浜
川崎市川崎区
小机駅
菊名駅
鶴見区
鶴見駅
首都高速神奈川1号横羽線
東京湾アクアライン
新横浜駅
花月園前駅
生麦駅
JR鶴見線
第三京浜
首都高速湾岸線
大口駅
白楽
神奈川区
新子安駅
保土ヶ谷
東神奈川駅
保土ヶ谷区
横浜駅
横浜港
西区
横浜ベイブリッジ
桜木町駅
保土ヶ谷駅
関内駅
新山下
石川町駅
山手駅
南区
中区
根岸駅
磯子区
東京湾
京急本線
磯子駅
新杉田駅
洋光台駅
湾岸道路
京急富岡駅
北
能見台駅
幸浦
金沢区
釜利谷Jct
金沢文庫駅
金沢八景駅
横浜横須賀道路
0
4km
横須賀市

横浜市地図

橋本駅
相模原市
川崎市宮前区
川崎市麻生区
東名川崎
川崎市麻生区
あざみ野駅
江田駅
市が尾駅
青葉区
こどもの国駅
JR横浜線
青葉台駅
町田駅
東京都町田市
横浜青葉
藤が丘駅
都筑区
相模大野駅
長津田駅
十日市場駅
小田急小田原線
東名高速道路
愛甲郡愛川町
東急田園都市線
中山駅
鴨居駅
緑区
中央林間駅
大和市
横浜市
八王子街道
保土ケ谷バイパス
西谷駅
鶴ヶ峰駅
瀬谷区
旭区
座間市
相鉄本線
大和駅
瀬谷駅
三ツ境駅
二俣川駅
上星川
東海道新幹線
海老名駅
希望ヶ丘駅
海老名駅
厚木市
南万騎が原駅
新保土ヶ谷
厚木駅
海老名市
綾瀬市
緑園都市駅
いずみ野駅
弥生台駅
東戸塚駅
厚木
泉区
横浜新道
東海道
いずみ中央駅
相鉄いずみ野線
長後街道
ゆめが丘駅
港南区
戸塚駅
湘南台駅
戸塚区
高座郡寒川町
港南台駅
本郷台駅
JR根岸線
JR相模線
栄区
大船駅
藤沢市
JR東海道本線
藤沢駅
JR横須賀線
茅ヶ崎駅
茅ヶ崎市
鎌倉市
鎌倉駅

横浜市基礎データ

国	日本
地方	関東地方
都道府県	神奈川県
団体コード	14100-3
面積	434.98km^2
総人口	3,711,450 人
人口密度	8,532 人 /km^2
隣接自治体	東京都町田市
	川崎市 / 藤沢市 / 大和市
	横須賀市 / 鎌倉市 / 逗子市
市の木	イチョウ / ケヤキ / サザンカ
	サンゴジュ / シイ / ツバキ
市の花	バラ
市庁舎所在地	中区港町 1 丁目 1 番地
市庁舎電話番号	045-671-2121（代表）

区の人口

鶴見区	282,084人	3
神奈川区	235,901人	6
西区	97,711人	18
中区	147,600人	15
南区	194,363人	11
港南区	216,715人	7
保土ケ谷区	204,774人	9
旭区	247,907人	5
磯子区	163,861人	13
金沢区	203,237人	10
港北区	341,733人	1
緑区	179,513人	12
青葉区	308,880人	2
都筑区	210,751人	8
戸塚区	274,408人	4
栄区	122,286人	17
泉区	154,400人	14
瀬谷区	125,326人	16

※横浜市発表より（2015 年 1 月）

●第6章●【横浜型住民②　本牧&山手】……193

第1章
横浜市っていったいどんなところ？

横浜市の歴史は崩壊と復興の連続によってできている

横浜の歴史は意外と浅かったりする

横浜市の歴史をひもとくとき、「横浜」という地名に注目すると、その名が文献に出てくるのは1442年の室町時代の頃。しかしその後、特に華々しさはなく「横浜」という地名が歴史上大きな意味を持って登場するのは、1853年にペリーが黒船でやってきた翌年の1854年。開国を迫るペリー御一行を迎え入れ日米和親条約を結んだのが、ちっぽけな漁村の横浜村だったというのはあまりにも有名な話。その後、1858年の日米修好通商条約によって横浜港が開港したのは1859年。「開国博Y150」開催が2年前にあったことで分かるとおり、ほんの150年程前のことだ。

横浜市エリアで歴史的に古いのは六浦のあたり。鎌倉に近いということで鎌倉時代には幕府の重要な港であり、別荘地であったことで、北条実時が称名寺や金沢文庫をこの地に造った。

江戸時代になり五街道が整備されると、横浜市エリアを通過する東海道が１６０１年に完成。神奈川宿と保土ヶ谷宿が置かれ、遅れて戸塚宿も宿場となる。寛文年間に宿場の数が53になり、いわゆる東海道五十三次となった。

震災と空襲で崩壊し復興で近代都市に！

細かいところまで調べれば、当たり前に色々な歴史がある横浜市エリアだが、急激に発展したのはやはり横浜港開港以降。幕府に用意された居留地は日本風だったが、１８６６年の関内大火によって消失した後から洋風の建物が多くなり、異国情緒ある港町に。そして、日本初の鉄道の開通やガス灯の整備などにより、近代的な都市となっていく。しかし、そんな横浜を悲劇が襲う。それが関東大震災と横浜大空襲。この天災と人災によって街は崩壊してしまったが、そこから復興することによって、実は、効率的な大開発をすることができた。被害を受けた人には申し訳ないが、恐れずに言うなら、この大崩壊がなければ、今の横浜はなかったかもしれない。

とくに戦後復興時には、米軍に接収されるという憂き目をパワーに変え、2度目の開国というべき発展を遂げていく。現在の国際都市としての基礎は、ここから始まったといっていいだろう。政令指定都市の中で人口増加数が一番！

そんな横浜は、1889年に市制を、1927年に区制を施行していたが、1956年に政令指定都市に指定される。その頃の人口は約114万人だったが、2010年には約365万人まで増加。人口増加と開発に伴い、幾度か区を再編。現在全国に19市ある政令指定都市の中で、一番人口が多くなっている。

しかし、2008年〜2009年の人口増加率を調べてみると、お隣の川崎市が1・46％で第1位。同じ関東圏の千葉市、さいたま市に後れを取り、横浜市は第6位で0・62％（川崎市総合企画局都市経営部統計情報課）。ただ、これは数字のマジックで、増加人数は2万2656人の横浜市が一番。川崎市は2万1135人で2位なんだけどね。

関内にある横浜市開港記念会館。1909年の横浜開港50周年を記念して、大正時代に建てられた。36メートルの時計台が目印

県庁本庁舎はキング、税関本関庁舎はクイーン、開港記念会館はジャックの塔と呼ばれている

横浜が虎視眈々と狙っているぶっ壊しエリアはココだ!

ニュータウンよりも古い住宅街がメイン

ぶっ壊されたことが発展の大きな原動力になった横浜市。横浜港開港よりたった150年の間に2度も焼け野原となった悲しい歴史は、現在のきらびやかな姿からはあまり想像出来ない。が、それは大規模に開発された中心地の話。戦後、バラック建ての家か防空壕を改造して住んでいたという事実があったことを思わせる、ごみごみしてごちゃごちゃした区画の地域が横浜には本当に多い。地形がそんなに平たんで無い（おかげで取材が大変）横浜市の住宅街は、丘にへばりついて建っているという光景をあちらこちらで見ることが出来る（京急の車窓から見る風景がまさにそれ）。

そうした住宅街を大規模に再開発するよりも簡単なのが、畑や田んぼだったり、住宅が少なかったところをぶっつぶして未来都市を作り上げるニュータウン開発。港北ニュータウンや新横浜駅の北側、たまプラーザや緑園都市、東戸塚などはその代表といえるだろう。今もまだ緑多き土地が豊富な横浜市だけに、この先も大規模開発ニュータウンは誕生していくはずだ。

ただ、こうしたニュータウンは、どちらかといえば横浜ブランドに群がる東京型住民を増やすのに貢献するだけで、横浜依存が強い横浜型住民を喜ばせるものではあまり無い。昔っから横浜に住む人たちにとっては、自分が利用する駅周辺が再開発され、便利になることが一番だからね。

横浜市が全力を注ぐ現在進行形の再開発エリアといえば、みなとみらい２１や横浜駅西口。横浜中心地であり、横浜の顔ともいえる場所だけに、その規模は巨大。東京型、横浜型を問わず、横浜市民であれば誰もが注目すべき再開発といえるだろう。

虎視眈々と狙われたい実はそれが本音？

横浜型住民が大いに喜んだであろう再開発といえば、上大岡や二俣川、東神奈川など。ここでは、これから開発の始まるぶっ壊しエリアを調べてみた。

まずは新横浜長島地区。ブルーライン北新横浜駅から新横浜方面に広がるエリアだ。鶴見川の対岸に新横浜エリアを望むこの地域は「ゆめはま2010プラン」により「新横浜都心」に位置づけられ、新横浜駅北部地区、新横浜駅南部地区、城郷（小机）地区、新羽地区、羽沢地区と並び整備・再開発のターゲットとなっている。「新横浜都心機能拡充のために、新横浜駅周辺のハイテク産業と連動した研究開発機能などの集積する地区」がビジョンで、新横浜大橋ではループ橋建設が始まっている。駅を挟んだ南（篠原口）側と、川向こうの長島地区側。どっちが早く、再開発されるんだろうね。

次は相鉄線天王町駅周辺。横浜ビジネスパークや野村総合研究所への最寄り駅ながら、快速電車が停車しないことで、お隣の星川駅に利用者を奪われているだけでなく、星川駅は保土ケ谷区役所への最寄り駅で、現在は駅舎を改装中。

早いとこ再開発しないと、魅力ある商店街も廃れちゃうかも！

東急東横線綱島駅周辺は、いかにも「かつて温泉街でした！」という街並み。東口側は無駄に広くて曲がりくねった道があり、バスロータリーも奇妙な造り。再開発を狙われて当然な感じだ。

この他、横浜線＆グリーンライン中山駅周辺のように、古くなってきたから、そろそろ新しくしたいよねっていうエリアは数知れず。京浜急行線日ノ出町駅前のように、再開発すれば立地的にかなり魅力的だよねっていうエリアもたくさんある。日ノ出町駅前再開発は高層複合ビルが２０１４年完成を目指して２０１２年に着工が決定したものの、当初は２００８年に２０１１年完成を目指して本格始動したはずが、世界的な景気低迷により延び延びになっていただけに、もしかしてまた……という心配も。このご時世、再開発の敵は地権者の同意や諸々の面倒事よりも、平成の大不況だったりするのだ。

ぶっ壊しなんていうと言葉は悪いが、発展するために必要なこと。古くなってゴーストタウンになるよりは、どこも早く再開発エリアに認定されたいはずだよ。

全国の鉄道事業者から応募された全75 作品の中から、社団法人鉄道建築協会による鉄道建築協会賞の作品部門で、『最優秀協会賞』を受賞したたまプラーザ駅。確かに駅とは思えないデザインです

1990年にできたいずみ駅を拠点にしたいずみ中央のニュータウン。かつては養蚕が盛んな土地だったが、今はすっかり住宅地だ

とりあえず建ててみたものの やっぱりコレって失敗だよね

本牧の廃墟は復活！　失敗からの脱却なるか

ぶっ壊して発展するのが横浜流とはいえ、全部が全部、成功するわけではない。建ててはみたものの、ちょっとビミョーなんじゃないの？　っていうモノもあるし、大開発したのに思ったほど魅力が続かず、結構ヤバイ状態になってしまったエリアもある。そんなエリアとして象徴的なのが本牧だ。

本牧といえば、ほんの30年ほど前まで接収されて米軍の住宅地だったエリア。アメリカ文化が根付き、ジャズの聖地などと呼ばれ、「本牧」には何となくオシャレなイメージがある。米軍から返還された土地は再開発が進み、中心地には大型ショッピングモール「マイカル本牧」が誕生した。しかし、バブル崩壊とみなとみらい21の誕生、バスしか移動手段が無いなどの理由により、客足が遠のきテナントが退去。「SATY本牧」の反対側のビルは、長いこと廃墟状態となっていた。まさに、建ててみたものの失敗だったいい例だ。

ただし、前著となる『横浜1』の取材中も閉鎖されていたこの巨大ビルは、この『横浜2』取材中の2010年10月に「ベイタウン本牧5番街」に生まれ変わった。インフラが弱いせいで遠くからの集客が見込めないため、地域密着型ショッピングセンターを目指してのオープンだが、強敵のイトーヨーカドー本牧店に負けて、また失敗ってことになると、かなり厳しいだろう。

ちなみに、本牧といえば本牧商店街が寂れてしまっているが、あれは建ててみて失敗という話ではない。かつて横浜市電が走っていたころは商店街も栄えていたのだろうが、今は古くなってしまっただけで、再開発を待っている状態。こうした商店街が横浜市内に無数にあるのは、ぶっ壊して発展してきた横浜流の負の副産物としか言いようがないんだけどね。

スカイウォーク閉鎖箱モノに失敗あり！

ここで、横浜を取材して気になった、ちょっと失敗してる施設や開発を左のカコミにまとめてみたので、そちらをご覧いただこう。若干、難癖気味で申し訳ないのだが、そのちょっとしたことを気にするのが地域批評精神なのでご容赦を。「ららぽーと横浜」なんて本当に、もうちょっと駅に近い候補地はなかったの？

っていうだけの話（幕張もそうだし）。車社会だけに駐車場が充実していればいいのかもしれないけど、横浜線鴨居駅からの道は整備が必要なんで、横浜市がどうにかしてください。シャトルバスが歩くより時間がかかるのは、改善するともっと便利なんで是非実現してほしいね。

鶴ヶ峰駅前開発に関しては、ここだけの話では決してなく、開発したエリアとその周辺がアンバランスになり過ぎると、おかしいよねって話。横浜が大好きな開発が抱える問題点ってことだ。

ただし、横浜市には大失敗がないのが救い。みなとみらい21も新横浜都心もアラを探せばちょっとずつ失敗はあるんだろうけど、東京のお台場や千葉の幕張新都心のように大失敗はしていない。区画整理はしたものの、ガラ～ンとした空き地が目立っていると、ヤバイ感じがプンプンする。少なくとも横浜の2大開発エリアからは、そんな臭いは漂ってない。

それでも、横浜のブランド力をアップさせたモノとして認識される「日産スタジアム」や「横浜国際プール」は、実は箱モノ行政のちょっとした失敗作だったりする一面も……。横浜ベイブリッジにぶら下がっていた「スカイウォーク」は2010年9月、遂に閉鎖。夜景が楽しめる観光スポットとして運営されていたが、1993年度以降はほぼ毎年約5000万～1億5000万円の赤字が続き、その赤字を市税で穴埋めしてきたという、箱モノの失敗作。撤去に莫大な予算が必要で、この先も維持管理で数百万円の負担があるというのだから、頭が痛いだろうね。

全国の主要都市と比べてみた横浜の実力はどうなのよ？

人口増は落ち着いてきたものの

さて、お洒落だとか国際都市だとか、もてはやされることが多い横浜だけど、ホントのところはどうなの？　ということを、全国の政令指定都市と比較することでチェックしていこう。

まず基本的なことから、政令指定都市は全国で20市ある。横浜市の人口は、この中で堂々の１位。２位の大阪市に１００万人レベルの大差を付けている。さすがに勢いは衰えたが、人口はまだ増加傾向で、特に２００９年から２０１０年にかけては２万人規模で人口が増加した。２万人といえば、どこか地方の「市」に匹敵するレベルの人数。大きな街が丸々引っ越してきたくらいの人口増である。これだけ増えても、その受け皿があるっていうのが、これまた横浜市のすごさである。

この「受け皿」作りのため、あっちの開発、こっちの開発に躍起になっている横浜。ただまあ横浜市は広さも関東圏の政令指定都市の中でトップだし、まだまだ山や自然、古くなって寂れてしまった街もがたくさん残っているので、横浜流の「ぶっ壊して発展」していく余地はありそうだ。

しかし、ぶっ壊すのもタダじゃない。これだけの開発を行っている上に、これだけ多い横浜市民のケアにだって気を配らなければならないから、必要となる予算は膨大なはずだ。そこで調べてみたのが横浜市の財務状況。横浜市のものだけじゃあ面白くないので、この際全国の主要都市と比較してみよう。

やっぱりスゴイね横浜市 開発予算も潤沢だ！

さて、いきなり目に飛び込んでくるのが「桁の違う」歳入・歳出額。これだけお金があるのなら、お洒落も安全も安心も手に入れて当然だ。川コン（川崎コンプレックス）にあえぐお隣さんや、ダサイから脱却できていないさいたま市なんてこんなもんか、というレベル。正直、横浜がトップだとは思っていても、これほどの差があると思っていた人は、あまり多くないんじゃない？

ただ、残念ながらトップではない。さすがにここは大阪市が歳入、歳出額共に1兆6500億円規模でトップ。だが、横浜も肉薄しており、歳入は1兆6000億円に手が届きそうになってきた。しかも、単純な歳入、歳出差引額ではトップ。大阪に100億円以上の差をつけている。

で、さらに注目したいのは、（D）の「翌年度に繰り越すべき財源」。これが全国的に、またも桁違いに大きい。これは、主に何年もかかる事業を示すもので、盛んに行われている再開発などの財源がこのうち多くを占めるとみていいだろう。ここからも、横浜市が潤沢な資金を派手に投入して再開発を行っていることがわかる。

しかし、さらに細かく見ていくと、横浜市はやたらと開発を行っているだけではないことがわかる。一般会計の内訳をみると、もっとも多く財源を割いているのが福祉・医療の30％弱。次いで子育て・教育の23％強と続き、再開発にかかわる「まちづくり」「経済発展」の項目を合わせても19%程度にしかならない（これは十二分に大きな数字ではあるが）。つまり、イチに市民ケア、2番目に開発、というのが横浜市なのである。

こうなる理由は横浜市の歳入構造にもあるだろう。横浜市は、その膨大な人口に拠った「個人市民税」の割合が40%以上と、全国でも抜群に高い。大阪は対照的で個人が22%。その分17%以上が法人税だ。ちなみに横浜の法人税比率は8%弱である（それ以外は固定資産税など）。これだけ個人税収が多ければ、市民生活向上に役立ちそうな使い方をしないとダメだろう。言ってしまえば、相次ぐ再開発も市民サービスの一環、という意識もあるのだろう。この見方をすると、桁違いの「大儲け」となっている大阪市は、横浜市とは正反対の「市民ほったらかしで企業ばかり応援している街」なんて風に見えてくる。ま、実際そういう一面があるのも事実。ああ、横浜市民でよかった！

2014年度主要都市の人口・財政比較

	横浜市	さいたま市	千葉市	川崎市	相模原市	名古屋市	大阪市	福岡市
人口(2015/4)	3,710,008	1,251,549	965,679	1,461,043	722,931	2,276,590	2,686,246	1,519,349
面積(㎢)	437.49	217.43	271.76	143.00	328.66	326.44	225.21	343.38
歳入(A)	1,598,029	448,841	366,467	584,106	254,861	1,033,033	1,675,766	786,367
歳出(B)	1,558,219	433,500	363,315	579,458	246,417	1,025,507	1,650,402	773,633
歳入歳出差引(A)-(B)(C)	39,810	15,341	3,152	4,648	8,444	7,526	25,364	12,734
翌年度に繰り越すべき財源(D)	21,609	9,252	427	4,211	1,567	5,768	1,141	3,457
実質収支(C)-(D)	18,201	6,089	2,725	437	6,877	1,758	24,223	9,277
単年度収支(E)	10,033	1,600	1,700	247	576	634	23,812	325
積立金(F)	8,412	4,021	1,665	114	12	25	39,043	5,413
繰上償還額(G)	−	920	0	−	−	−	5	−
積立金取崩額(H)	3,026	−	55	1,381	2,700	1,557	−	−
実質単年度収支(E)+(F)+(G)-(H)	15,419	6,542	3,310	-1021	-2112	-898	62,861	5,738

※財務省「地方財政の状況」2015年などより作成（単位：100万円）

ランドマークタワーと日産本社が目印のみなとみらい21。開発の始まった1980年代までは造船所や鉄道関連の施設があった

言わずと知れた日本ナンバー2の商業都市大阪も、「市」としての規模では横浜市に完敗。横浜がいかに巨大なのかよくわかる

ナンバー3の名古屋も数字をみてみると案外小さい。愛知県の場合は、生産拠点が豊田市など他市に分散しているのがその理由だ

周辺地域への影響力であれば横浜よりも上の福岡。近年成長著しいのだが、規模的には横浜よりも相当小さい

横浜市コラム 1

横浜の発展に貢献した人たち

政令指定都市で一番の実力を誇る大都市横浜だけに、発展に貢献した人なんて星の数ほど存在する。その人たちの名前を列挙するだけで一冊の本ができそうなので、2人の人物に注目した。

岩瀬忠震は設楽六ヶ村（新城市）の領主設楽市左衛門貞丈の三男として1818年に出生。22歳の時に旗本岩瀬忠正の養子となった人物。目付として活躍し、長崎でオランダやロシアとの条約締結に尽力。1856年にアメリカの総領事として下田に派遣されたタウンゼント・ハリスの要求を知り、1857年11月6日に老中に意見書を提出。その中で神奈川開港を主張し、全権委員（通商条約交渉の全権を与えられた委員）のひとりとなった。

岩瀬が主張したのは、朝廷のある京都に近く、商業の利権の7～8割を握っていた大阪での開港を避けること。そして、開港を機に江戸幕府の権力を強め

岩瀬忠震《いわせただなり》

※出典：阿部正弘蹟　写真提供：新城市設楽原歴史資料館

高島嘉右衛門《たかしまかえもん》

※写真提供：横浜市中央図書

ることだった。とはいえ、江戸を開港して、外国人が大手を振って江戸を歩くのは避けたい。そこで候補に挙がったのが神奈川港だったが、神奈川宿が近いため外国人との事件発生が懸念されること、外国人居留地や新たな街を設置するための広さがなかったことなどがあり、神奈川港の対岸にあたる横浜村に白羽の矢が立ち、横浜港が開港したというわけだ（岩瀬は条約を重視して神奈川開港を主張していたんだけどね）。

もうひとりは高島嘉右衛門。西区の地名「高島」に名を残す人物。横浜に日本初のガス灯をもたらした（10月31日のガス記念日は横浜にガス灯が初めて灯ったことに由来）が、かなりの苦労人だ。１８５９年に磁器などを取り扱う肥前屋を開店するも、その取引の中で禁法を犯し、1860年に投獄。1865年に釈放されるが江戸払いとなる。1870年に伊藤博文と大隈重信に鉄道の重要性を申し入れ、後に横浜港の埋め立てを実行（現在の高島付近）。横浜の下水改良工事も手掛けている。

そんな高島のもうひとつの顔が「易聖」。さまざまな事業で苦労しながらも成功してきたのは易によるもので、安政の大火や西郷隆盛、大久保利通、伊藤博文らの死期を予知していたともされる。著書に『高島易断』があるが、現在「高島」の名が使われているモノと嘉右衛門は無関係。嘉右衛門の信条は「占いは「売らない」」だったからだ。

横浜開港に欠かせなかった岩瀬忠震、横浜近代化に貢献した高島嘉右衛門。ただ、国際都市横浜誕生＆発展の真の立役者は、黒船で開国を迫ってきたペリー＆アメリカで間違いないでしょ。

第2章
東京型住民①
田園都市線青葉区

青葉区がやたらと発展している理由ってナニ？

東急の「芸術的」な階級限定都市計画

元々の青葉区は、山には桑畑、平地には田畑という純然たる田園地帯。お隣の都筑区一帯と合わせ、「横浜のチベット」などと呼ばれた僻地であった。ここに国道246号線が走り、さらに東急新玉川線が走り、1970年代には本格的な宅地化が進んだ。2000年8月から、この新玉川線が「田園都市線」へと改称され、現在に至る訳なのである。

ただこのネーミング。元々「田園地帯」だったから田園都市線なのかといえば全然違う。現在の青葉区一帯は東急グループが作り上げた、いわば「一企業の開発都市」。東急といえば戦前に大田区の〝田園〟調布などを開発した「田園都市株式会社」にルーツを持つ、いわばお金持ち限定の理想的な住宅地を作り続けてきた会社である。だから、新玉川線を田園都市線に改称したということは、東急が己のアイデンティティを賭け、最強に東急的なモデル都市を作ろうとする意志を前面に出しまくったことなのである。東急開発地域一族の重鎮である田園調布は、国内でも最強の高級住宅街だ。ここに始まる東急の土地開発ノウハウが詰め込まれまくった青葉区は、人口の増加率を見てもわかる通り、ここ10年も順調に発展してきた。２００７年以降人口の伸びが止まったのは、すでに「田園都市青葉区」が完成したという見方ができる。

どんな人が住んでいるわけ？

東急お得意の「田園都市」として開発された青葉区は、さすが東急というべきか大変見た目のよい、ブランド力の高い土地である。住民の中心はいわゆるエリートサラリーマン。彼らの多くは東京の大企業に勤めており、横浜市民でありながら、実に東京的な価値観を持つ人々である。田園都市線から横浜駅を中心とする市内中核部へのアクセスの悪さから、彼らは会社も遊びも買い物も、地元か東京都内で行う人種。その奥様連中は「あざみネーゼ」なる言葉が存在するように、これまた東京的な小ぎれいで優雅な生活を送っている。だが、そのエリートサラリーマンの通勤電車は、「骨折列車」とでもいうべき首都圏でも最強レベルの大ラッシュ路線である田園都市線。そのストレスからか、車内暴力や飛び込み自殺が頻発する恐ろしい路線である。そんなお父ちゃん組を尻目に奥様方はお友達とおしゃれなレストランでランチを楽しんだり、自宅でピアノ教室をやったりと、とりあえず見た目には、優雅に生活している。これを見ると「東急のイメージ戦略にハマっちゃった」奥様と、その奥様の意見に逆らえず「ハメられた」お父ちゃんという図式があるのかもしれない。

青葉区のおとっちゃんを苦しめる通勤電車。確かに便利だが、通勤手段がこれしかないので毎朝地獄の大ラッシュとなる

やたらとたくさんある貯水池　昔の名残も水害対策に効果アリ

一面の田園地帯から巨大住宅地へと変貌した青葉区で、往年の田園風景を彷彿とさせるのは街中の至る所にある貯水池。しかしこの貯水池。実は今でも多角的に役に立っているそうだ。まず、昔の農業用水用の小さな川がそのまま残り、その水位を貯水池で調整しているおかげで、多くの家が「リバーサイド」となり、青葉区のイメージアップに貢献（ホントかよ）。さらに数多くの貯水池のおかげで、青葉区は横浜市内（鶴見川流域）でも洪水の少ない土地となっているのである。

やっぱり東急！　超計画的「田園都市」開発で住民を支配

東急お得意の「田園都市」の決定版

東急田園都市線。東京の企業へ通勤する管理職などの比較的高所得のサラリーマン家庭を中心とするニュータウンである。あざみ野、たまプラーザ、青葉台など、横浜市青葉区に集中するモデルタウンとする、東急の開発による「多摩田園都市」をカバーする路線だ。この「田園都市」という名前。元々一面の桑畑やら田畑やらが広がり、「横浜のチベット」呼ばわりされた場所に作られたことがその由来、というわけではない。

東急は、現在でも日本最強の高級住宅街のひとつである東京都大田区の田園調布など、戦前から「おハイソな層が住む理想的な高級住宅街」を作ってきた「田園都市株式会社」をそのルーツとしている。つまり、田園都市という名前は東急が本気の本気で開発する地域に付けられる名前。元々「新玉川線」であった路線が「田園都市線」に改称されたことから見ても、青葉区の開発に、東急がいかにマジで取り組んでいるかがうかがえるのである。

東急による田園都市開発は、1953年に同社より発表された「城西南地区開発趣意書」という意見書が出発点となっている。ニュータウンと呼ばれる計画は、鉄道幹線の建設と一体化した形での都市開発、街路樹のある広い道路。広々とした公園、整備された駅からの路線バス網といった感じの、東急お得意の「ザ田園都市」を目指していた。事実、青葉区内は、こうした東急の意志が色濃く反映されており、なかでも、これらのモデルタウンとして開発されたのが、たまプラーザ、あざみ野、青葉台で、それぞれに違った個性が持たせられているなど、非常に綿密な計算の下に作られている。

例えばたまプラーザは「洒落たスタイルの生活を楽しむ街」、青葉台は「ハイレベルで賢い生活を保証する街」といった感じ。たまプラーザは東急百貨店や多数のオシャレな飲食店、雑貨店などがあるが、大型専門店や高級スーパーはない。逆に、青葉台には洒落た飲食店があまりないかわりに、東急ハンズ、BOOKOFFを筆頭とする専門店街と、紀ノ国屋や成城石井などの高級食材スーパーが集まっている。こうしたイメージ戦略が功を奏し、東京郊外の高級住宅地としてのブランド化に成功。沿線に良質な住宅地の整備を進めるという当初の目的を達成し、閑静な住宅地が広がりを見せ、ニュータウンとしては日本最大級の人口を誇るまでになった。

東急はスゴい徹底ぶり

東急による開発で最も重要なのは、土地区画整理事業を、東京急行電鉄が一括代行している点。つまり、行政などがリードするのではなく、民間主導で計画され、実施されるというレールが敷かれているのである。

これにより、東急の意に沿った形での開発が進められていくことになる。こうして、田園都市線の駅を起点に東急の路線バスを走らせ、駅前には東急百貨店や東急ストアといった商業施設を整備していくことに。結果的に、東急の支配力が高まることになった。もっとわかりやすく言えば、田園都市線の駅改札を出ると、目の前に東急ストアがあり、そのすぐ近くには東急バスの停留所が待ちかまえているのだ。これは、確かに便利に違いない。あざみ野駅のバスを例に挙げれば、利用者の多いであろうすすき野団地行きは、朝夕方時には4分前後に1本の割合で運行されている。これなら会社帰りにムダな待ち時間などなく、事実上ドアトゥドアな感じで通勤ができるのである。

こうした利便性と豊かな自然という環境の良さを兼ね備えた住宅地として、多摩田園都市は成功したワケだが、よくよく考えてみてほしい。東急の電車に乗って通勤通学をし、帰宅時には東急が運営するスーパーや百貨店で買い物をする。となると、日常生活に関する大半を東急に依存、いや「支配」されているといっても言い過ぎではないだろう。まあ、とはいえサクッと買い物ができて、待たずにバスに乗れる。しかも、停留所にはきちんとルーフが設置されているなど、ケアはバッチリ。まさに至れり尽くせりな環境ではあるのだが。

逆に言えば、東急ほど、開発による沿線支配を進めている鉄道は、ほかにはないように感じられる。例えば東武や西武といった路線では、池袋などのような主要ターミナル駅に系列の百貨店が備わっているが、だからといって１社のみが路線上すべてを統括できているわけではない。これは東武線、西武線の各駅の様子を見れば一目瞭然。こういった面から考えると、東急の戦略は企業としては大成功と言えることは間違いない。何度も言うようだが、あくまでもこれが住民にとって是か非かは別としてではあるが……。

ちなみに、東急による生活支配はこれだけではない。交通、買い物以外に通信環境に対してもぬかりはない。１９８７年、たまプラーザ駅南口に開局した東急ケーブルテレビジョン（現・ｉＴＳＣＯＭ）では、多彩なチャンネルとインターネット環境が整備されており、これに多くの住民が加入している。テレビまで東急の仕切りかよ！

高級住宅地のイメージだけが先行!?

さて、東急の街作りにおける特徴として、緑の多い閑静な住宅地というものがある。そこに、高級感溢れる店舗の誘致や、一戸建て住宅ばかりを建てる宅地販売方針なども目立つ。

このようなイメージ戦略でジワジワと人気を高めてきた青葉区だが、やはり爆発的に人口が増えたのは、半蔵門線の直通で都心へのアクセスが飛躍的に向上した1978年以降だろう。こうした「閑静」「高級」などのイメージで人気を獲得してきた青葉区だが、ちょっと奥まで見てみると、案外なんのことはない。開発区域以外にちょっと出れば、いまだにメロン畑やナシ畑、雑木林が広がっているのだ。あざみ野駅などは最たるもので、西口にはバスターミナルがあるが、東口にはない。また、駅前には広大な竹林が広がっており、見方によってはただの田舎駅。まさにイメージだけが先行している。

また、線路や駅の周囲に設定されている開発区域の外側や、バブル崩壊以後に企業が売却したグラウンドや工場などの跡地において、アパート・マンションなどの小規模な住宅開発が進められた。例えば、たまプラーザでは、開発区域の内側は東急不動産の庭付き一戸建てが並ぶのに対し、道を隔てた反対側には不動産各社のマンションが乱立している……といった具合だ。このような予定外の開発に伴い、田園都市線沿線の人口は当初の想定を大幅に上回ることに。

こうして田園都市線の朝夕のラッシュは殺人的な混雑を起こすことになり、最大の問題となっている。必要以上に人気地域となったことが要因なのだろうが、本当に「憧れ」の街かどうかは、実際に住んでいる住民にとっては、判断の難しい部分もあるだろう。

いいことばかりじゃなく当然しわ寄せ部分アリ！

ここまで見てくると、東急による田園都市開発は概ね成功していることがわかるが、問題点もまたそれなりにあることも事実だ。

前述したように、沿線の人口が当初の想定を超えるほど増えたため、計画的な街路が作られず、虫食い状態に宅地化が進む、いわゆる「スプロール現象」も発生している。また、企業は研究所などを沿線に設置したが、本社機能などの移転までは実現しなかったなど不徹底っぷりも目立つ。とはいえ一応は企業を呼んできたわけで、通勤ラッシュはさらにパワーアップする結果となった。

ところでラッシュの酷さが話題に上る田園都市線だが、あざみ野駅の急行停車に関する問題も、東急と沿線自治体で食い違いをみせている。元々、東急は田園都市の建設にあたりたまプラーザ駅を中核と想定していた。このため、横浜市営地下鉄の延伸の際にも同駅への接続を要望していたが、市側はあざみ野駅に接続を決定。その結果、両者は対立し、1993年に地下鉄あざみ野駅が開通した当初は、同駅に田園都市線の急行列車が停車しないという嫌がらせ的な対抗手段がとられたりもした。港北ニュータウンの発展に伴ってあざみ野駅利用者がたまプラーザの駅の2倍を超えても、頑として停めなかったのには頭が下がる。あざみ野駅に急行が停車するようになったのは、ようやくの2002年のダイヤ改正時だ。確かに東急によって開発が進められてきた土地だから、多少はでかい面をしていても「東急もまあ頑張ってるしね」と許せるところだが、ここまでくると横暴というものだろう。ダイヤ改正まで鷺沼駅やたまプラーザ駅での乗り換えを強いられたあざみ野住民はいい迷惑だ。他にも、サラリーマンの人身事故が多いとか（憂鬱な月曜日は特に多発する）、電車内で突如キレる普通のサラリーマンが多発するなど、田園都市線の大ラッシュが青葉区住民を蝕んでいることを証明する事実には事欠かないのである。

数多くの住人が東京へと向かう田園都市線。その混雑具合は地獄模様で首都圏最強クラス。会議を開く会社の多い月曜日の朝には、よく人身事故が起こるという。辛いね……

あざみ野ガーデンズからすぐ近くにある住宅街。こうした全国どこでも見かけるような建売の一戸建て住宅街は、青葉区や都筑区で今なお増殖を続けている。

いたるところにスポーツ施設！そんなに運動好きなのか？

ラッシュ時だけでは物足りずスポーツ三昧

田園都市線に乗って青葉区内を移動していると、ほとんどの駅にフィットネスジムなどのスポーツ施設があることがわかる。

しかも、ひとつならまだしも、数店舗が軒を揃え、顧客を奪い合っているのが現状だ。また、公共のスポーツ施設も青葉区内だけで20カ所近くあり、様々なスポーツに利用できる。大半のスポーツ施設はテニスコートを2面以上取れる広大な敷地を持ち、さらにゴルフ場もショートコースまで含めれば、数多く存在する。

こういった場所に日々通って体を鍛えていれば、さすがに運動不足になることは少ないと思われる。青葉区内にスポーツクラブや公共施設が多いことは、青葉区男性の平均寿命を延ばすのに一役買っていると言えそうだ。

青葉区に住んでいる男性は、健康への意識が高いことはすでに説明した通りだが、なかでも体を動かしたり運動したりすることにも関心が高い（飲み屋もないし、仕事人間だから休日の楽しみもこれといってなく体を鍛えるくらいしかすることがないともいえる）。そうであるなら、この一大ビジネスをあの東急グループが見逃すはずがない。フィットネスクラブ「アトリオ」、田園テニス倶楽部、東急あざみ野テニスガーデン、東急スイミングスクール、アディダスフットサルパークなど、幅広いスポーツシステムを展開している。確かに、それぞれの駅には東急が運営しているフィットネスが、必ずといっていいほど建っている。

見た目や競技内容もいちいちオシャレ

フィットネスクラブというと、都内などではいかにもな造りをしている建物も少なくないが、高級感を漂わせる青葉区では、外観からしてオシャレな感じなクラブが多い。

東急が運営している「アトリオあざみ野」などは、泉のある中庭を配した南欧情緒溢れるリゾート施設のようになっている。体を動かしにきているのだから、そこそこキレイであれば外観などは気にはならないのだが……。やはり、これは土地柄なのだろうか？　それにしても南欧情緒とは……。

スポーツ施設のジャンルにも特徴が現れている。フィットネスやスイミングなどはごく一般的だと思うが、先ほども言ったように青葉区にはテニスやゴルフができる施設が数多く点在している。

ゴルフは比較的幅広い人たちがプレイするからまだしも、テニスと聞くと何となく上流なイメージを抱いてしまうのは、なぜだろうか。まあ、上流とはいかずとも、上品な雰囲気を漂わせるスポーツであり、学生時代ならいざ知らず、社会に出てしまえば、なかなかプレイする機会がないスポーツでもある。そんなちょっと気取った感じのテニスを日常的な運動として取り入れているあたり、青葉区住民のハイソさがうかがえるというものだ。

なかでも、東急あざみ野テニスガーデンは、ドームになっていて、日焼けせずにテニスを楽しむことができる。でも、テニスって太陽の下でやるから気持ちよかったりすると思うのだが……。

また、横浜F・マリノスや横浜FCがある影響なのか、フットサルも盛んである。特に日本で唯一スペインサッカー協会公認のフットボールスクールなどもあり、非常にバラエティに富んでいる。ちなみに、ここはJ‐フロンテッジフットボールスクールといって、東急グループが運営している。

加えて、東急は子ども向けのフィットネスまで経営するなど、本当に徹底している。実は、たまプラーザにも同じようなコンセプトのコナミスポーツクラブなどもあるのだが、やはり健康面に関しても、青葉区住民は子どもから大人まで、東急のお世話になっているのだ。

青葉区内には、たくさんのフィットネスクラブがある。それも一駅に2〜3店舗あるのが普通で、東急の運営するモノを中心に、各クラブがしのぎを削っている

大ラッシュ電車にパパを乗せたら奥様はテニスで汗を流す。世帯の意志決定権を握る主婦に最大限配慮されているのが青葉区だ

青葉区民の年齢層は意外とフツーだが高齢化の兆しアリ！

少子化を反映したような「模範的」な人口割合

青葉区は数字の上では長生きできる街のようだが、では住んでいる人たちの年齢層はどうなっているのだろうか？　長寿の街だけに年配者が数多くいるのだろうか？

年齢別の人口構成割合を見てみると、ずば抜けて高年齢層が多いわけではない。逆に、24歳以下の年齢層に限れば、横浜市全体の構成割合を上回っている。それもそのはずで、青葉区の平均年齢39・7歳は、横浜市内で都筑区に次いで2番目に若いのだ。長寿の街という結果があるだけに、これは実に意外な結果と言える。ただし、40〜54歳の層でも、横浜市全体を上回っているのだ。つまり、若者層が多いために平均年齢は若くなってはいるが、着実に年配層が増えつつあると考えられる。取材で訪れたとあるスポーツクラブでは、多くの高齢者たちが汗を流している光景や、朝っぱらからゲートボールに興じている様子など、長生きな空気感を肌で感じられた。また、高年齢層が増えつつあることは、高齢化を指標する老年人口割合を見ても明らか。平成20年3月時点で19・6%となっており、いわゆる「高齢社会」の目安となる14%を大きく超えているのだ。

老いも若きも快適に暮らすには金次第⁉

高齢者たちが増えている要因は、元々住んでいた人たちが年齢を重ねたことだけでなく、青葉区へ移住してくる人たちの影響も少なくない。都心からほど近く、住環境も整い高級感を漂わせているこの街へは、定年後に越してくる人たちも多い。また、青葉区は医療機関や優良老人ホームなどの介護施設が充実しているため、高齢者たちが暮らしやすいのも理由のひとつだろう。ただし、果たして本当に青葉区には、そういった施設が多いのだろうか。厚生労働省老健局が発表した「平成18年介護サービス施設・事業所調査結果の概況」という調査が行われている。これは市区町村別ではなく県別データではあるが、道府県別に65歳以上人口10万対の介護保険施設の定員をみると、徳島県が４千６２８人で最も多く、次いで富山県が４千４００人、石川県が４千３０２人となっている。少ない都道府県は東京都が２千２７６人で最も少なく、神奈川県も２千６４１人と少ない。ただし、青葉区人口の総人口約29万人の内、65歳以上は約４万人だから、10万対の介護保険施設の定員数で類推すれば、定員数千５００人以上なら多いことになる。確かに、青葉区内には高級老人ホームが数多くある。青葉区にはちょっとお金を持っている老人たちが、続々と集まってきているのである。所詮は庶民にとっては縁遠い話ではあるが……。

青葉区と横浜市の年齢分布

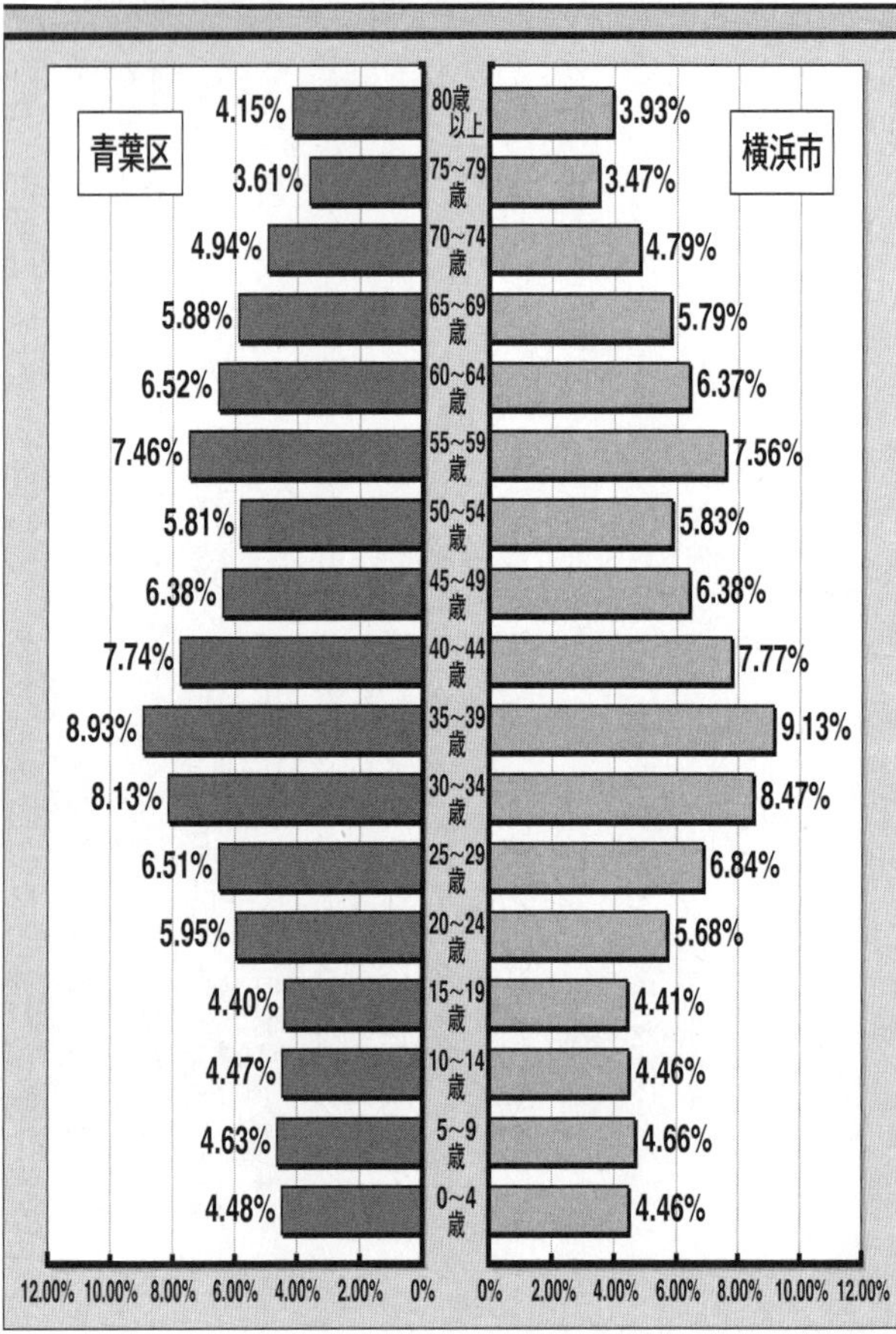

※横浜市発表より作成（2008）

お受験と習い事　とにかく超ハードスケジュールな青葉区の子供達

青葉区には横浜市内でも断トツに教育ママが多い

「慶應」が青葉区にやってきた。慶應義塾大学の附属小学校である慶應義塾横浜初等部が、青葉区江田駅近くに2013年、新たに開設されたのだ。どうしてまた、青葉区に慶應が……と気になるところだが、噂にしょうとうよると、渋谷の慶應幼稚舎に通う子供のうち、もっとも多いのが青葉区在住者だったというのが理由だとか。青葉区は「エリートサラリーマン」の多い地域なだけに、確かに教育熱心な感じはする。しかし、よりにもよって慶應の、中でも最強のお坊ちゃん軍団である幼稚舎が、「のれん分け」を決断するほど、青葉区はすごいのか。青葉区の教育事情を見ながら、それを探ってみることにしよう。

横浜市教育委員会が行っている「私立中学進学予定率」を見ると、横浜市全体では19％なのに対し、青葉区だけなら32％と市内でも断トツの高さを誇っている。つまり、約3人に1人は私立中学へと進学していることに。東京と比較しても、30％を超えている地域は文京区や港区などといった限られた地区しかなく、かなり高い数値と言える。ただし、青葉区内にある中学校は14校だが、そのうち私立は桐蔭学園絡みの2校しかない。桐蔭は青葉区唯一の私立中学なため、青葉区内からの通学者率は全生徒中約32・6％と高いが、当然ながらこれは全青葉区の私立中学校通学者の一部に過ぎず、残りは市内他区や東京都などへ通学している。区内の教育への熱心さは高いが、中学校から電車通学をすることになるのだ。こういったことが可能なのも、田園都市線をはじめとして都心部へのアクセスがよく、さらに沿線に私立学校が多いことや人口が増加していることなども要因として挙げられる。子どもに合わせ、好きな場所へと進学をさせられる好立地と言えるのだ。まあ、早い段階から地獄ラッシュの「骨折列車」田園都市線を体験しておくということこそが、真の教育なのかもしれないので、これはアリだといっておこう。

塾の数も市内で随一の多さを誇る！

中学受験が盛んということは、それに付随したビジネスもまた展開されているということ。実際、田園都市線の駅には大手予備校をはじめとした進学塾が数多く建ち並び、個人指導まで含めれば、ひとつの駅に10カ所近くあるケースも見かけられた。これだけ一カ所に集まってしまうと、互いの進学塾で児童の取り合いが展開される。青葉区内で営業している学習塾の数は113あり、次いで港北区の106が続く。市内で最も少なくて19件の栄区なので（いずれも独自調査による数値）、いかに青葉区に学習塾が多いかがうかがえる。特徴的なのは、河合塾や栄光ゼミナール、SAPIXといった大手の学習・進学塾ももちろんあるのだが、それ以外に「個人指導」や「家庭教師」をうたい文句にした学習塾が多数ある。逆にこれだけ多くの塾があっては、選ぶ方としては一苦労。そういった流れを反映してなのかどうか、青葉区や港北区などといった特定の地域の教育情報などを特集した雑誌やサイトなども見かけられ、ママさんたちが口コミなどを通し意見交換しているようだ。ちなみに、取材中、大学受験のための予備校なのだが、体育系大学専門の学習塾という一風変わったモノを発見。どうやら青葉区の教育熱は、どんなジャンルへも臨機応変に対応しているようだ。

最近では中学受験に加え、小学校受験のために幼稚園に通う子どもたちを囲い込む動きも活発化している。これは、慶應横浜ができたことにより、ますます加速していくと思われる。ママさんたちの教育へのパッションは、止まることはないようだ。

だがしかし、これは日本の都市型教育事情の宿痾ともなっていることではあるが、あまりに早い段階からお受験お受験とやっていると、それを突破した高校～大学あたりでおかしくなってしまう子供が増える。同時に、早い段階で難関を突破し、エレベーター式の大学付属校に入ってしまうと、その後全然勉強をしなくなったり、グレてしまうこともままあるのが現状だ。結果、大学における付属校出身者と大学から受験した学生の学力差がしゃれにならないほど開いてしまうことが常識化しており、名門校の付属校に子供を入れたからといって、手放しで喜べるようなものではない。非人道的ともいえる高校・大学受験戦争を避けられ、その分部活など勉強以外の「学習」をしっかりとやれるという利点は確かにあるが、付属校に入れたからといって一安心とは行かないのである。その辺、一部の「教育ママ」は全然わかっていないように見えるのは大いに不安だ。

勉強だけじゃなく習い事にも大忙し

青葉区内で暮らす子どもたちがこなしているのは、「お受験」だけではない。スイミングやピアノなどといった、いわゆる「習い事」にもスケジュールを割いている。この街には習い事教室が多く、語学やスイミング、音楽からバレエまでと、その種類も実に豊富だ。しかも習い事をしている子どもの割合は男女ともに90％を超えており、ほとんどの子どもが何かしらの習い事をしていることを示す。さらに、習い事もひとつだけでなく、2つ以上やっている割合も少なくない。男児と女児では傾向がやや異なり、男児の上位には水泳やサッカーなどといったスポーツが上位にくるが、女児に関しては楽器や音楽などといった情操性が高まるモノが多くなっている。青葉区民の教育への情熱は、勉強だけでなく、スポーツや音楽といった習い事へも注がれている様子。まさに「文武両道」な教育を実行しているというわけだ。ここまで徹底していれば、親としては大満足ではないだろうか。子どもたちがどう感じているかは、また別の話にはなるのだが……。

教室数も多く掛け持ちなんてザラ！

一般的に習い事と呼ばれる教室の数を調べてみたところ、青葉区だけで実に108件も該当した。これは横浜市全体の約15％を占める数値となっている。もっとわかりやすく言えば、藤沢市にある習い事教室が130件ということを考えれば、ひとつの区だけで市に匹敵するほど数多くの教室が営業されていることがわかる（独自調べによるもの）。

このうち、最も数が多かったのがバレエ・ダンスが24件、次いで音楽系で23件、スポーツが20件と並ぶ。また、横浜市はプロ野球チームの横浜ベイスターズのお膝元だけあり、少年野球も活発。青葉区少年野球連盟に加入しているチームは全部で15あり、純粋な習い事とは呼びづらいが、他の習い事と掛け持ちしている子どもが多く見かけられる。

田園都市線沿線の習い事には、少なからず東急が絡んでくることになる。というのも東急は、テニス、スイミングスクール、フットサルなどを展開しており、中でも東急スイミングスクールは30年以上の歴史を持つ。子どもから大人までが対象となっているため、親子2代で通っている人もいる。こうして見てくると、東急は、子どもたちの教育面に関してもキッチリと食い込んでいるのだ。ここまでくると、あっぱれの一言に尽きる。なお、スイミングは費用が手軽なこともあってか、習い事デビューとしても人気が高いようだ。

全国の小学生の習い事ランキングと比較すると、細かいところでは違いがあるモノの、男子は上位にスポーツ系があり、女子はピアノや英会話などといった文化系が並び、両者は似たような傾向にある。時代を反映しているのか、学習塾や予備校が男女ともに上位にランクインしており、青葉区と全国を比較しても、それほど大きな違いはない様子。青葉区は教育に力を入れているだけに、もう少し差が出ると推測されたが、意外にも普通な（?）結果に落ち着いた。余談だが、とある調べによると父親が子どもに望む習い事はピアノとのこと。自分の憧れや夢を託しているのだろうか⁉ それにしても、勉強に習い事にと、青葉区の子どもは、下手な業界人よりも忙しい毎日を送っているのではないだろうか。大人になる前に燃え尽きないように願うばかりだ……。

横浜市　私立中学進学率

順位	区	進学率
1位	青葉区	32.0%
2位	都筑区	25.2%
3位	港北区	25.1%
4位	中区	24.4%
5位	神奈川区	21.8%
6位	西区	19.7%
7位	保土ケ谷区	18.6%
8位	泉区	18.5%
9位	鶴見区	17.8%
10位	戸塚区	17.1%
横浜市		19.0%

※横浜市教育委員会調べ

子供の習い事ランキング

1位	ピアノ・総合音楽教室
2位	少年サッカー
3位	少年野球
4位	バレエ教室
5位	空手・合気道・格闘技
6位	英会話
7位	スイミングスクール
8位	劇団・演劇教室
9位	美術教室
10位	そろばん

※ｗｅｂ上の登録数を加味した独自調べ

新設の慶應横浜は、新設校だけに「悪い伝統」もあったりする本家幼稚舎とは違って、本当に品行方正なエリート校になる予感が

定番のピアノ教室。ピアノ教室というと子供向けを想像しがちだが奥様向けのものもある

あざみネーゼの正体
高級ランチと自宅ビジネス

街のイメージこそセレブな印象だが…

　あざみ野駅周辺で暮らすマダムたちは、通称「あざみネーゼ」と呼ばれているらしい。これは、東京都港区白金に住む奥様たちをシロガネーゼと称することと同義。つまり、高級感あふれる主婦たちのことを指す。

　あざみ野周辺に住む奥様たちが、このように称されるには、街のイメージが関係してくる。たまプラーザ・あざみ野・青葉台などには、ケーキ屋やレストランなど外食系の高級店が多く、スーパーなどでも高級食材が普通に売っていたりする。加えて、東急が行ってきたちょっと高級感ある住宅作りも欠かせない要素。いわゆる道幅が広く、あちらこちらに桜並木があるといった独特の作りだ。

もちろん、セレブな奥様たちという面は、行動にも表れてくる。旦那たちが朝6時頃に家を出て超すし詰め状態の田園都市線から乗り継いで会社へと向かい、夜は11時頃にヘトヘトになって帰宅する。そして、休日ともなれば、フィットネスクラブに通い体を鍛える。なんとストイックな生活なのだろうか。つつまやしかというか、健気さにもほどがある。これに対して、あざみネーゼたちは、何をしているのだろうか。

亭主元気で何とやら…　驚きのランチ事情

昼間のあざみ野駅へ出向いてみると、奥様仲間と一緒にランチを楽しむ光景が見かけられる。ランチを楽しむだけならカワイイものだが、値段を調べてみると驚愕の事実が！　調べた限り、安くても相場が1000〜1500円で、このあたりならまだ理解できるが、懐石料理が2500円であったり、挙げ句の果てには5000円を超えるコース料理まであるのだ。調査した範囲で最も値段が高かったのが、高級店として有名な店のスペシャルランチコース８４００円。まさに〝スペシャル〟な値段。ランチにこれだけお金をかけているなら、ディナーはいったいどうなるのやら。働く男性たちが、仕事の合間を縫って食べる昼食は５００円前後。高くても６００～７００円といったところが主流だ。最近では時代を反映してか、30歳前後の若い世代では、弁当持参で来る者も少なくない。こうしたささやかな倹約を重ね、ローンや子どもの養育費へと充てているにもかかわらず、奥様連中はワイン片手に舌鼓。旦那が節約した分を、奥様が利用する。何という切ないスパイラルなのだろう……。

余暇の時間で小遣いを稼ぐ奥様

青葉区には稽古事教室が多いことは前述したが、何も習っているのは子どもだけではない。奥様方も習うことが大好きなのだ。語学やビーズ、料理、茶道、音楽からフラワーアレンジメントまで、あらゆる種類のカルチャースクールが揃っている。子どもが習い事に行っている間に、ママさんたちもじっくりと英会話やら、ダンスやらで楽しんでいるようなのだ。

あざみネーゼたちのスゴさは、これだけには止まらない。習うこともするが、自分の趣味・特技を利用して「教室」を開いている人も多くいる。すなわち、子どもやマダム仲間に教える側にまわっているのだ。なかでも自宅でも教えやすいピアノや茶道・華道といった教室が数多く見られ、趣味を実益に生かして有意義な生活を送っているといえる。あざみ野周辺には高級エステも多いので、自宅ビジネスで稼いだ小遣いでエステに通い、そして小粋なオシャレをしてランチへと出かける……有閑マダム的な生活を想像してしまう。

意外に出さないプチなセレブ妻たち

そんな「あざみネーゼ」たちが住む街ではあるが、本当にセレブが住んでいるのか、疑いたくなる側面もある。東急が建てた三規庭というモールには、当初は5万円も使うような寿司屋が入っているなど、高級テナントがズラリと並んでいた。しかし、あざみネーゼたちの財布の紐は予想以上に堅く、次々と高級店が撤退していき、サイゼリヤが入ったり、回転寿司になったりしている。どうやらあざみネーゼたちは、自分が欲しい物ややりたいことにはお金を出すが、日常生活品などには必要以上にお金を遣わない傾向にあるようだ。

それどころか、ネイルサロンやらピアノ教室など、自宅でできる「習い事教室」や資産運用に熱心で（昨今の経済危機で顔面蒼白な奥様も多いことであろう）、優雅に遊んでいるかに見えて、実はきっちりお小遣いを稼いでいるわけだ。銀座で必死に600円のランチを探す亭主族から巻き上げた給料と、自分の稼ぎで楽しく暮らす（教室などで生き甲斐もゲット！）のが、あざみネーゼの正体なのであろう。

結局のところ、他所に住む人たちが思うほどセレブな人はおらず、駅周辺から離れるとアパートや田園風景などもあり、田園調布や白金台のような本気の「大金持ち」の家も少ないというのが結論。

住人たち（というか奥様連中）はステレオタイプな発想で自分たちをセレブと思いこんでいるかもしれないが、頑張っても〝プチ〟セレブが限界ではなかろうか。

たまプラーザ周辺のレストラン・ランチメニュー比較

ジャンル	メニュー	値段
創作料理	パスタランチ	1,200円
日本料理	蒸し鶏の梅とろろ重ランチセット	1,300円
チーズ料理	ふわとろチーズオムライスとハンバーグの限定プレートランチ	1,500円
ベトナム料理	レディースセット	1,550円
アジア料理	アジアン蒸篭御膳	1,580円
中華料理	ランチブッフェ	1,600円
自然料理	自然食ブッフェ	1,680円
焼き肉	焼き肉ランチフルコース	1,980円
創作料理	花りん御膳	2,600円
イタリア料理	パスタランチフルコース	2,900円
フランス料理	ランチCコース	3,500円
フランス料理	オージュコース	3,500円
フランス料理	ランチCコース	5,775円
ステーキ特選	うかい牛ランチコース	8,400円

※２００８年１２月現在のぐるなび調べ

ネイルサロンなどを経営する奥様は多い。茶道・華道教室なども盛ん

あざみ野の新名所となっているあざみ野ガーデンズ。完成して日は浅いが、早くも地元に定着している

実は大したことない青葉区
大金持ちは大していない

所得は高い！　財産はない！

　さて、これまで多角的に青葉区を見てきたわけだが、どうもいい思い、というか生活を満喫しているのは奥様連中だけであって、お父ちゃんや子供たちはなかなか大変な思いをしているようだ。

　追い打ちをかけるようで悪いのだが、さらにお父ちゃんたちの悲哀を物語るデータを紹介せねばなるまい。

　ここで紹介するのは野村総研が２００８年に発表した「私鉄沿線別の金融資産ランキング」である。１位の京王井の頭線は、まあ高級住宅街の世田谷区北部と杉並区南部を走る路線だけに当然としても、あらら、田園都市線はランク外ですかい。金ないじゃん。ただ、これが給料などの「所得」となると、４位に入ってくるというのが田園都市線のおもしろいところ。つまり、給料は良くても貯金はない。それどころかがんばって土地なんか買っちゃったからローンまみれ。ステイタスもプライドも高いから金がなくてもハイソな暮らし。ビンボーではないが、かといって大金持ちでもない、清く正しきニッポンの中流家庭。それこそが、青葉区民の真の姿なのである。

気合いはあるからまた無理しちゃうのよ

このように、東急いわく「エリートサラリーマンとハイソな奥様に優秀な子供の街青葉区」（別に宣言しているわけではないけど、まあ印象としてね）は、実は幻想だということがわかった。だが、その「イメージ」は青葉区民に東急が推奨する生活を強要する。家々の駐車場を見てみたまえ。ベンツベンツＢＭＷベンツにボルボ。なんとまあ本当に外車だらけ。ベンツの保有台数ランキングでは、青葉区は上位の常連だという。これまたローンかいな。

駅前を見よ。きれいなショッピングセンターときれいなレストラン。ネクタイの戦士たちがその羽を休める赤ちょうちんオアシスは存在せず、午後11時あざみ野着の骨折列車で酔っぱらいと戦闘的なにらみ合いをしつつ帰ってきたお父ちゃんたちは、またも満員のバスに乗り、家族の寝静まった暗い家へと帰っていくのである。

これが、青葉区と似たような形で発展してきた東京の杉並区や世田谷区あたりだと、地価は高くても駅周辺には昔ながらのヤキトリ屋が軒を連ね、サラリーマンと怪しげな自由人が楽しく酒を飲み交わしたりしている。奥様連中の「静かできれいな街に住みたいわん」という言葉に逆らえず、青葉区に終の棲家を持ってしまったサラリーマン達。口では「いやあ青葉区は最高だよ」などといいつつも、本心では、「帰ってきたら駅前の居酒屋で一杯やりたい！　というか15：30の焼鳥屋の開店と同時に入って日の高いうちから飲んだくれたい！　でもそもそもそういう場すらねえ！」などと思っていることであろう。というか、そう思っている人がいます。

どうだろうか。こうして見ると、「住みたい街ランキング」では上の方に顔

沿線別世帯あたり金融資産ランキング

順位	沿線名	1世帯あたり金融資産（万円）
1	京王井の頭線	3,321
2	東急大井町線	3,242
3	東急池上線	3,221
4	東急目黒線	3,217
5	京王線	3,136
6	東急多摩川線	3,086
7	小田急小田原線	3,083
8	東急東横線	3,059
9	京成押上線	3,034
10	西武池袋線	3,024

※ＮＲＩ調べ

を出す青葉区も、いわれるほどよい土地ではないのかもしれない。そもそも、青葉区に住み暮らす人々は、東京の会社に勤め、東京の学校に通い、東京で遊び、東京で育った東京型の住民である。そんな連中が、神奈川県の、それも横浜市という全く別の文化圏にやってきたわけだ。幸いというか不幸にしてというべきか、横浜駅を中心とする横浜市の中核地帯とは、地下鉄は通っているにしても事実上隔絶されているおかげで横浜型住民との抗争などは起こっていない。だが、いわばこの地に「入植」してしまった彼らは、ブランドイメージに支配され、無理とわかっていながらも現在のライフスタイルを貫くしかないのである。

セレブ向けに作られた三規庭。高級店→サイゼリア→回転寿司と店が入れ替わるなど、かなりの迷走もみせている

たまプラーザなら少しは男性向けの飲食店もあるが、やはり多様性に薄い。暮らしづらいと感じている層も一定数存在するのだ

横浜市トピックス

土地成金はいっぱいいる？

あざみ野駅の改札を出て右手へと進むと、広大な竹林がある。茅葺きの民家が建っており、広大な土地を所有する地主が暮らしている。駅前にこれだけの竹林が広がっている地域などは、他にはあまりないだろう。

こうした竹林を見て感じるのは、青葉区には少なからず土地成金がいるであろうこと。東急が田園都市線の開発を進めるにあたり、次々と土地を買い集めていったことを考えると、その結果、一財産築いた人がいるはずだ。事実、数年前まで全国で行われていた長者番付にて、とある小学校の校長先生が神奈川県のトップとなったのだが、この時期に開発が行われていたのが港北ニュータウン。まさに、土地成金を地でいく話だ。他にも、港北ニュータウンあたりには、こういった人たちも多く住んでいるようだ。

ただ、このあざみ野駅前の竹林は、そうした「今の世の中の流れ」に抵抗し、

確かにこの竹林がなくなれば、駅前には巨大なショッピングモールができるであろう。

古き良き田園地帯を守ろうとしている人も、少なからずいることを示している。考えてみれば、あの広大な竹林を売っぱらってしまえば、当然東急はたまプラーザや青葉台で行っているような駅前大規模開発を行う。つまり、それだけ東急に金が入る計算となり、当然土地買収費用もひとかどのものとなるに違いない。それにもかかわらず、あの竹林は今もなお時代の流れに向かって敢然と立ちはだかっている。ここまで来たら折れることなく、いつまでも抵抗を続けてほしいものだ。

「な」が付くエリアは東急無視!?　例えば「田奈」とか「長津田」

憧れの田園都市線なのに何でなの？

渋谷駅から神奈川県大和市の中央林間駅までを結ぶ田園都市線。2000年の8月より新玉川線から田園都市線と改称した路線は、東京急行電鉄（東急）が運営する鉄道路線である。東京都内へ通勤する所得が比較的高いエリートサラリーマンの家族が多く住む街として知られ、たまプラーザやあざみ野、青葉台など横浜市青葉区を代表するお洒落なニュータウンである。住みたい街ランキングでは常に上位にランクインするこの沿線は、多摩田園都市計画にのっとり鉄道の建設と土地区画整理事業を東急が一括代行する方式で、計画的に開発されている。それ故に沿線沿いの街並みは東急の意志が色濃く反映されており、駅前には必ずといって良いほど東急ストアがあり、利用する最寄り駅から遠い人のためには東急バスの停留所があるなど、日常生活自体が東急によって支配されているのである。沿線沿いの地域住民は毎日の通勤から買い物まで、東急にどっぷりと依存する生活なのだが、それを綿密な計画によって成功させた東急の徹底ぶりには脱帽するしかないだろう。そんな憧れのモデルタウンとして君臨する田園都市線沿いの駅だが、東急の完全支配がなぜか進んでいない駅がある。それが青葉区の田奈駅と、緑区の長津田駅なのだ。

田奈駅は田園都市線でも特にハイソな住民が住む街として知られている青葉台駅のお隣なのだが、これが田園都市線の駅前なのと思えるほど様相は一変。至近に県道140号線があるとはいえ、駅前に必ずと言っていいほどあるはずの東急ストアすらなく、地味なことこの上ないのである。一応、線路沿いの道路を歩いていくと東急ストアはあるのだが道路沿いにあるのは田んぼや畑と、驚くほどの牧歌的な風景が広がっているのである。駅至近にある県道140号線、すぐそばに広がる田んぼや畑が開発を難航させていると思われるが、これほど東急らしさを感じさせない街並みも珍しい。ちなみに東急が開発事業の主体となって進めてきた多摩田園都市の歴史を残す記念館「東急多摩田園都市まちづくり館」は、東急らしさを何故か全く感じさせない田奈駅前にあったりするのも面白い。

長津田駅には東急ストアはなし

長津田駅は田園都市線の長津田駅とJR横浜線の長津田駅、横浜高速鉄道が第三種鉄道事業者として施設を保有し、東急が第二種鉄道事業者として列車を運行するこどもの国線がある。田園都市線とJR横浜線は別改札で、田園都市線とこどもの国線も別改札になっている。3つの路線が集まる駅ともなればさぞかし駅前の商店街も充実しているかと思えば、駅南口にはJA田奈の長津田支所がポツンとあるだけ。北口は駅前の広場もなく、1日に約12万人が利用する駅とは思えないローカル感を漂わせているのである。駅周辺の住民が日常的に利用するスーパーは北口のマルエツで、田園都市線には必ずといって良いほどある東急ストアは無しと、田奈駅以上に東急が無視している駅なのである。

そんな残念な香りが漂う長津田駅前であるが、駅北口には約191億円をかけて何もなかった駅前に広場を新設。それに併せて周辺道路の拡張工事を行い、約200戸のマンションとマルエツを中心に構成した地上28階建ての複合施設が完成した。緑区が打ち立てたまちづくり計画の通り、乗り換え客が街へ降りたくなるような商業施設となるのか。

ようやく開発が本格化したかのように見える長津田。JRとの接続駅という強力な存在なのに、東急は後回しにしたのだろうか

農地の多い地域では農協が圧倒的な力を持つ

農家は基本的に農協に依存することが多いため、広大な農業地域を有する緑区は農協の力がヒジョーに強い地域である。つい最近では環太平洋パートナーシップ協定（ＴＰＰ）交渉参加に反対する集会や、国会周辺でデモ行進を行ったりしていたようだが、農協と農家の問題が取り沙汰されるたびに、土地持ちの農家を相手にしたとりっぱぐれの無いオイシイ商売だと思うのは自分だけ？

東急の策にハマった奥様方は買い物・習い事・受験に熱心

誰もが住みたいと思う街たまプラーザ

田園都市線の中核として開発され、東京近郊の高級住宅街として君臨するたまプラーザ。お洒落で住みやすく子供を育てるにも恵まれた環境が整い、奥様方が住みたい街の上位に常にランクされている街である。そのたまプラーザに２０１０年１０月７日、２００６年度から順次着工していったサウスプラザ・ノースプラザ・ゲートプラザの全区域が完成し、たまプラーザテラスがグランドオープン。ショッピングをはじめ様々なサービスを受けられるなど、これまで以上にカップルや家族連れが楽しめる街へと変化を遂げている。

高級住宅街として君臨する街だけに、さぞや高級感溢れるショップが軒を連ねているかと思いきや、テナントとして入っているショップは高くもなく安くもなくの無難な感じで、どちらかというと10代や20代など、比較的若い世代をターゲットにしたショップが多い。グルメ&フードも然りで、フードコートとは言わないまでも、庶民的レベルのショップが意外にも多いのである。

失敗を糧に新たな購買層を狙う東急

あざみ野駅に三規庭というモールがオープンした当初、数々の高級店を誘致したのだが、意外にも奥様方の財布のひもが堅く、大失敗してしまったという過去がある。それを教訓としているかはともかく、たまプラーザテラスではターゲットを方向転換し、他のエリアから訪れる購買層や、地域に住む若い奥様方のハートをガッチリつかみにきているようだ。たまプラーザテラスにある施設を見てみると、家族で楽しむことも出来る料理教室やスイミングスクール、認可保育園や学童保育、赤ちゃんとお母さんのための休憩室など、小さなお子様を連れたお母さんのための施設がヒジョーに多い。若い世代を対象としたショップが多いのも、他のエリアからやってくる購買層は当然のこと、成長した子供たちがお洒落をしたいときや、習い事に通うときのためなのかもしれない。月々のローンに追われているとはいえ、中の上くらいの家庭と自負する自称プチセレブに見栄とプライドはやっぱり重要。元々、青葉区は子供の教育にお金をかける傾向が強いが、「○○の奥さんが子供の情操教育に良いって言ったから」という理由があれば、足が浮くぐらい混雑する殺人的電車で会社へと通う、エリートサラリーマンたちも諦めるしかない。考え方や観念に個性が乏しく、同じようなものの見方が、多数の人において共有されているステレオタイプの奥様方。彼女たちを上手に操縦したいのであれば、良いものを提供して口コミを期待すれば一気にその裾野は広がる。また、そのような環境で育てられたお子様たちは、深層心理に否でも応でも東急の存在と偉大さがインプットされる。結局は東急の手のひらで踊らされる人たちってことになるんですかね。ちなみにたまプラーザに住む本格的なお金持ちはたまプラーザテラスでは買い物をせず、もっぱら東急百貨店の外商を利用。ボケ防止のために働くアルバイトに高級外車で通っているとか。レベルが違います。

荒っぽい事件がよく起こる某大学と勘違いされやすい歴史ある大学

國学院大學は1882年に創設された皇典講究所が大学令により1920年に昇格・設置された私立大学で、渋谷キャンパスと横浜たまプラーザキャンパスがある。神社本庁の神職の資格が取れる神職課程があり、大学でこの資格を取得できるのは國學院大學と皇學館大学のみ。野球やラグビーは付属の高校が有名だが大学としての知名度は低め。そのせいか全国的に知名度の高い某大学と混同されがち。

初期開発の青葉台は生活がストイック

駅前は普通の街だが一風変わった店も？

　１９６６年に田園都市線溝の口～長津田間が開通したことにより都心へのアクセス面が整い、本格的な住宅地としてスタートした青葉区（当時は緑区）。交通網の整備と都心へのアクセスの良さ、東急の徹底した区画整備事業が功を奏し、高級住宅地としての地位は確立したわけだが、たまプラーザ駅やあざみ野駅と並び、青葉区の閑静な高級住宅街として位置付けられているのが青葉台駅である。田園都市線の整備が行われていた１９６０年当時の仮称駅名は「成合（なりあい）」であったが、開発後も緑の豊富な街づくりをとの想いから青葉台と命名され、地名も１９６７年より駅名を採用して青葉台となっている。

青葉区の住宅地はある程度の敷地面積を保ち、ゆとりある環境維持をするなど、建築協定や地区計画など制度を活用して、特色のある景観の保全と育成が行われている。それ故に広い敷地を持っている家が多いのだが、青葉台駅周辺の一戸建ては敷地100坪くらいの住宅が多く、たまプラーザの美しが丘付近にある一戸建てよりは劣るものの、中流よりは上、もしくは上流といった感じが多く、会社経営者やエリート層が多い。また、田園都市線ではもっとも古くから住宅地として開発されたという経緯もあり、建物自体の老朽化や、住んでいる人たちの高齢化が懸念されている。

ジムに通って有機野菜とにかく健康が第一

青葉台駅の駅前には当然のごとく東急（東急スクエア）や東急バスの乗り場があるものの、それ以外は至って普通。コンビニやチェーン店などもあり、住宅地を持つ駅前にありがちな風景が広がっている。ただ、青葉台駅が違うのはそんな普通の駅前商店街でありながら、一般的な駅前にはまず存在することがない、高級食材や輸入品を扱う明治屋や、成城石井があるのだ。成城石井は高級スーパーマーケットから経営方針を転換し、一般的なスーパーマーケットとなったが、都内でも広尾や西麻布など富裕層がいる地域にしかない店舗があるのはなぜだろうか。

基本的に青葉区に住む人たちはお金に余裕のある小金持ちが多く、趣味や余暇に使うことの出来るお金を持っている。平成20年度に厚生労働省から発表された市区町村別の平均寿命は青葉区の男性が全国1位、女性も7位に入るなど長寿の街となっている。無論、緑の多い環境や医療機関が整っていることもあるが、住んでいる人たち自体の健康志向が高いのである。その中でもナチュラル志向が強い青葉台の住人は、高級スーパーで有機野菜を買い、余暇はジムに通って汗を流す。その一方で、証券会社で資産運用までこなしちゃうのである。長生きして下さい。

横浜市トピックス

両陛下、家族そろって「こどもの国」ご訪問

青葉区にある「こどもの国」は、社会福祉法人こどもの国協会が運営する総合的な児童厚生施設である。多摩丘陵の雑木林をそのまま生かした自然の遊び場で、旧日本陸軍田奈弾薬庫補給廠跡の国有地が米軍から返還されたのを受けて、広さ約100ヘクタール（約30万坪）の敷地に、遊具広場やミニSL、サイクリングコースなどの施設がある。入園料は大人600円、小・中学生200円。こどもの国は1959年の皇太子殿下（現・天皇陛下）と美智子様のご結婚を記念して、全国から寄せられたお祝い金を基に設立。1965年（昭和40年）の5月5日のこどもの日に開園した。天皇、皇后両陛下のご結婚に際し、多くの国民から寄せられたお祝いを「子どものための施設に使ってほしい」というお二人のお気持ちが新聞に報道され大きな反響を呼んだことが、誕生のきっかけとなっている。開園以来、両陛下おそろいで幾度もこどもの国をご訪

こどもの国にはけんぽうや歌もある。シンボルマークは１９６２年に一般公募で採用された物

問されており２００９年の12月19日には天皇、皇后両陛下、皇太子ご夫妻、秋篠宮ご一家、黒田清子さん夫妻と、天皇ご一家がそろってご訪問されている。園内には多数の施設があるが、観覧車などの大型遊具はなく、自然の中で動物と触れ合ったり、作ってみるといった素朴な遊び体験を重視している。開園以来、国営だったが、１９８１年に特殊法人こどもの国協会は解散。運営は社会福祉法人こどもの国協会に移管されて民営化されている。

横浜市コラム 2

不便すぎる聖地 緑山スタジオ

TBSが誇る広大な撮影用スタジオ・緑山スタジオ。青葉区に存在するこのスタジオでは、バラエティからドラマまで、様々な番組が収録されている。単に広めのスペースがある、程度の規模ではなく、敷地内に小さめの町をそのまま作ってしまえるレベルの広さといえば、なんとなくその広大さが想像できるだろうか。

このスタジオで収録されてきた主な番組には、「風雲!・たけし城」「筋肉番付」シリーズに「SASUKE」シリーズといったバラエティ。他には「渡る世間は鬼ばかり」「3年B組金八先生」といったドラマシリーズなど。金八先生といえば荒川の土手のイメージがあるが、撮影自体は緑山スタジオで行われていた。

が、番組を撮影するには最高の環境でありながら、この緑山スタジオの評判

は非常に悪い。それもそのはず、アクセス事情が最悪なのである。在京キー局であるＴＢＳが制作する番組のうち、少なくない数が緑山スタジオで収録されるワケだが、当然ながら出演者は他にも仕事を抱えている場合が多く「往復するだけで大変」なのだ。
　アクセス方法も、まず最寄り駅と呼べるほど近場に駅がない。小田急小田原線・鶴川駅からは車で5分、東急田園都市線・青葉台駅ｏｒ長津田駅、横浜線の長津田駅ｏｒ成瀬駅からだと車で10分。それぞれの駅も、青葉台くらいしか快速が止まらない。これらの駅からバスも出ているが、番組撮影ともなれば機材も多く、駅からバスというワケにもいかない。よって都内からデカ

めの車での移動を強いられるのだ。

非難囂々だったこのスタジオを持て余したのか、TBSも緑山スタジオの管理からは手を引いてしまい、現在は「緑山スタジオ・シティ」という専門の管理会社が運営している。そもそもこのスタジオを作った理由として、TBSが「本社機能の郊外移転」を狙っていたためなのだが、いくらなんでも遠すぎて通うには無理があったのだろう。「緑山で撮影＝その日はそれ以外の仕事は無理」では、出演者だって嫌がるハズだ。結局TBSは港区から動かず、新社屋も赤坂に造っているのはご存じの通り。同じく遠いと評判の悪い、お台場のフジテレビだが、この緑山に比べたらよっぽど便利だ。首都高に乗らなきゃ行けないスタジオってのは、どう考えても無理だよなぁ。まぁ都内で「たけし城」を撮れるかといったらそれも無理だろうし、必要ではあるんだろうけど。

第3章
東京型住民②
港北ニュータウン

未来型〝団地〟港北ニュータウンってどんな人が住んでるの

ヒラサラリーマンと若奥様と赤ちゃんと

給料は良くても貯金はなく（最近はマジもののセレブも増えてきているらしいが）、お父ちゃんと奥様の格差が激しい青葉区を中心とする東急開発地帯。そのお隣に位置している港北ニュータウンは、同じいわゆる「ニュータウン」ながら、青葉区とはひと味もふた味も違った様相を見せる。

まずその中心となるセンター北駅を見ながら、港北ニュータウン民を見ていこう。

駅を降りるといきなりすごい。地下鉄なのに地上駅なことには突っ込まないでおくとしても、とにかく四角いコンクリートなご様子。駅を取り囲むようにそびえる巨大ショッピング施設とこれまた巨大なマンション群。巨大バスターミナルに大きな歩道橋と、とにかくやたらめったらコンクリートで巨大なのが特徴だ。

要するに、一戸建て住宅が中心の「背の低い街」青葉区に対して、こちら港北ニュータウンは「巨大コンクリート」の街なのである。

この青葉区とのコントラストは、港北ニュータウンが横浜市を中心とする行政が主体となって開発したことと、青葉区が東急という一企業の伝統的手法である「田園都市計画」にのっとって開発されたという「思想」の違いといえるだろう。行政が開発するのならば、当然ながら所得や「人種」に差別なく、多くの人の利便性を第一に考える（という最低限表向きの姿勢が必要）。これに対して、東急開発地域の青葉区は、東急お得意の利益率が高い高級品を息をするように買ってくれるセレブ系住民しか住めないような策略（一戸建て中心作戦）をめぐらし、事実それに成功している。その結果のうち、最もわかりやすいのがこの景観の違いとなって表れているのである。

ということで、港北ニュータウンの住民は、大企業の管理職を中心とする青葉区に対して、ごくごく普通の平社員である。金のかかる一戸建てに比べればはるかにリーズナブルなマンション中心だし、街自体が整備されたのもここ最近の出来事なわけで、当然若い人が多く、港北ニュータウンがその大部分を占める都筑区の平均年齢は約37・8歳で、横浜市の平均である約42・5歳に比べて大変若い地域となっているのである。

ビル一棟関西弁!?　移住者は混ぜこぜに

ニュータウンだから当然なのだが、この地域には古くからの地元の人と呼べるような人種は少数派で、大半は別の地域から引っ越してきた人々である。これによって、面白い現象が起きている。港北ニュータウンのマンション事情は、賃貸と戸売りが拮抗している。大規模マンションだけに、不動産業者も大手やそれに準じるところが多く、そのせいか「集団移民」のような様相を呈している場所が少なからず存在するのだ。それこそ、ほとんどの人が関西系だったりするマンションも存在するとのことで、筆者も取材中に立ち寄ったコーヒースタンドで、10人単位の九州系住民、関西系住民のグループを目撃している。また、新しいマンションがあるということで、近隣の青葉区や川崎市西部からの転入も多く、港北ニュータウンには全国各地から若いヒラサラリーマンと若奥様が集まっているという状況だ。

人種を選びまくって発達してきた青葉区に対し、多くの人が住めるように発達してきた港北ニュータウンではあるが、結果としては、青葉区以上に「やたらと人種的に偏りのある」地域となった。まあ、これはほとんど自然法則みたいなものだから、当たり前といっちゃあそうなんだけど。

未来都市センター南　見た目は良くても所詮は団地

ヒラといってもビンボーじゃない！

セレブ地帯の青葉区（ローンはあるが）に対して庶民の街であると評した港北ニュータウンだが、だからといってヤンキーや得体のしれないおっちゃんが多い地域ではない。

センター南の家賃相場は、1DKで約8万7千円。横浜の中心地である関内より多少は安い程度なのである（HOME'S社サイトより）。庶民の街上大岡では約6・3万円となっており、これを見るだけでも、少なくともビンボー地帯ではないということが良くわかる。家賃が高いということは、それだけ人気が高いということだ。その秘密はなんだろうか。

最初に思いつくのは「とにかく便利」だということ。センター南から西方向へちょっと歩くと、巨大な港北東急ショッピングセンターがあり、その向かいには都筑区役所。周囲には郵便局から警察から巨大な昭和大横浜市北部病院と、何でもかんでも駅前の一カ所に集まっているのである。元来、こうした商業施設と公共施設は離ればなれ、というか公共施設は妙に辺鄙なところに、それもバラバラにあるのが通例で、引っ越しなどしようものなら各種手続きと買い物のために、近所を電車やらバスやらで大移動しなければならなかったものである。それが駅前ワンセット。便利なことこの上ない。

さらに、新しいだけあって駅前のショッピング施設（商店街じゃあないんだよ）もピカピカのオシャレなもの揃い。大型店が多いから、なんでもそろうとこれまた便利&おしゃれ気分。そらまあ人気が高いのもうなずける。

とはいえ、いってしまえば「便利なだけ」の深みのない街でもあるんだな。未来都市みたいなコンクリだらけの街並み。現在はまだ未開発の畑やら空き地やらが多く残っているが、巨大な都筑中央公園を除けばこれも早晩コンクリに変わってしまうだろう。こうしたコンクリだらけの「未来都市」って、最初のうちは「カッコイイ」感じがするものだが、何十年も住むとなると、やはり味のある商店街みたいなものもほしくなるなど飽きがくる。巨大な駅前広場も、人影がまばらな時間などは巨大なコンクリの廃墟みたいな雰囲気があり、ちょっと怖いものがある。

要するに、今のところは結局、港北ニュータウンも「団地」にすぎないのだろう。最新の格好良い建築様式、近所に商店街と交通機関を置き（団地はバス、ニュータウンは電車という違いは大きいが）、一カ所にすべてを集めるというコンセプトは伝統的な団地そのもの。今はまだ「カッコイイ」のかもしれないが、放っておくと現在「限界集落」呼ばわりされている団地と同じ運命をたどりかねない。茅ヶ崎の一戸建て住宅群も建売の均一的な街並みだ。そろそろ、手を打ってもいい時期なのではないだろうか。

昼間は若い主婦くらいしか見かけない港北ニュータウン地域。雰囲気が「今風」過ぎて、引っ越してきたはいいが「あまりに合わない」と悩んでしまう人も

市営地下鉄の合流駅である「セン北」。乗降人数は開業時の4倍近くにまで伸び、おおよそ成長限界まで到達したようだ

男女平等　効率の良い住環境が住民を無個性に追いやる

昼と夜とじゃ男女比率が違い過ぎ！

さて、やたらと否定的な意見を並べてしまったが、これには別の理由もある。建物が無機質で、便利すぎることが逆に非人間的な雰囲気を醸し出すことは否定できないが、「団地」の怖さはそれだけではない。

港北ニュータウンのある都筑区が、全横浜市内中、最も若いということは先に述べたが、これが問題だ。

平日の昼間に、センター南駅の周りを歩いてみる。まず気にかかるのは「人口が多い割にやたらと人が少ないこと」だ。これが朝であれば、出勤の人々でごった返している。そうした人々がこの地を離れると、滅多やたらと人が少なくなるのである。とはいえ、完全に無人ではない。コーヒースタンドに入ってみる。するとちゃんと8割の入り。うん、ゴーストタウンじゃなかったわけだ。が、そこにいるのは女性ばかり、それも子供連れ、赤ちゃん連れの姿が圧倒的に目立つ。そう、昭和の団地同様、港北ニュータウンでも「昼は専業主婦のみの街」という現象が起きているのである。

しかし、男女平等がかなり進んだ現代日本。港北ニュータウンに住む女性がすべてニュータウンにとどまっているわけではない。男性同様に朝出勤していく女性のビジネスパーソンは多い。だがこれにより、昭和の昔なら「人口の半分は街に残る」だったところを、「人口の4分の1以下程度が街に残る」という状態にしている。しかも、住民の年齢層が低いから、残った女性も赤ちゃん連ればかりという図式だ。

人間は好き嫌いがある生き物だ。だからこそいろいろな生き方を認める社会へと発展してきたわけだ。街には幅広い年齢層や様々な種類の人（人種）がいないと、阻害される人間が増えてしまう。しかし、港北ニュータウンの昼間には、同じような年齢層の同じような生活をしている人間しかいない。もちろん、公共機関や巨大な商業施設があるわけで、そこには多くの従業員がいる。だが、商業施設が大きく、しかもそこで食事などがまかなえてしまえば外に出る必要はない。これが普通の商店街であれば、食事や買い物などで街を歩く店員などがおり、それが街の姿のバラエティにつながるものだが、それもないのである。

おとっちゃんの居心地はどう？

このように、港北ニュータウンで大半の時間を過ごす人の多くが若いお母さんという状況がある。周りにうまく溶け込める人ならいいが、そうではない人にはつらい環境だろう。とかく、専業主婦寄りの性質を持つ女性と、ビジネス志向の高い女性は相容れないものである。仕事を辞めて子育てをしている元ビジネスパーソンの女性はおそらく少数派で、つらい思いをしている人の話も聞いている。

では、男性（女性ビジネスパーソン）はどうか。昼間は自分の仕事をしているからお気楽……、ともいかないようだ。

港北ニュータウンは商業施設が充実している場所である。だが、その主な消費者は、滞在時間からいっても当然若いお母さん層。当然、商業施設はそちらをターゲットにしてくる。このため「帰宅前の一杯」的な店は少なく、男性向けの施設の充実度は低い。これは女性ビジネスパーソンにも当てはまり、彼女たちが好むような店やアイテムはやはり少数派だ。

それでいながら、休日には家族サービスに駆り出されるのがいまどきの夫像である。結局、港北ニュータウンという街は、若いお母さん層、それもその中の多数派になれた一部の人々にはそれなりに快適な場所ではあるが、人数的には多数派である男性と女性ビジネスパーソンにはあまりやさしくない街となっているのである。

これこそが、団地でありニュータウンの宿命であり問題点でもある。しかも、解決の可能性が非常に低い問題点だ。そして、多数派は「ただ便利なだけ」の街で個性を失っていき、なんとなーく生きることを強いられる。こういう問題点は、確かにあるのだ。

港北ニュータウン地域の原住民は今どうなってるの

昔農業、今成金　近所の人の正体は？

さて、やたらと年齢層が固まっており、なおかつ若いお母さん優位な状況の港北ニュータウン。とはいえ、全員が全員最近この地に移住してきたわけではなく、元から住んでいる人もいる。

港北ニュータウン地域には約1万年前から人間が暮らしていた痕跡があり、港北ニュータウンやたまプラーザ、あざみ野などどこの近辺は、1960年代くらいまでは、というか東急の開発や港北ニュータウン計画が始まるまでは、一面の田園地帯だった。一部には「横浜のチベット」などともいわれていたが、辺鄙な場所でもちゃんと人の住んでいたところだったのだ。

では、もともと住んでいたこの地域の住民は、今何をしているのだろうか。答えは簡単。「土地成金」とまではいかないが、それなりの財産を持ち、悠々自適の生活をしているのである。

農業というものは、当然ながらある程度広い土地が必要になる。つまり、ニュータウン造成が始まる前にこのあたりに土地を持っていた人にとっては、自分の土地が急に宅地となり、「売ってくれ！」と迫られたようなものだった。戦後の日本は「農業が儲からない」国になっていたから、まあ当然これまでの土地を手放して農業を捨てることには抵抗も葛藤もあっただろうが、まあみんな儲かったわけだ。このころ、各銀行の港北地域支店は、新規預金の全国ナンバーワンクラスを誇っていた。つまり、急に大金を手にした農家の人が、とりあえず銀行に預金したわけだ。

広大な土地を売った元農家は、その後どうしているのだろうか。とりあえず、山ひとつくらいは残して、そこで換金性の高い果物を作ったりしている家もあるのだが、大半は駐車場を経営したりして、ニュータウンの恩恵にあずかっている。

そんな人々だが、案外へんなところで見かけることもある。スーパーの中にある、半屋台といった感じの地味な焼鳥屋や、街の小さなタバコ屋というような店の経営者が、実はものすごい土地成金だったりすることもある。彼らは、別に何もしなくても食べていけるだけのお金があっても、やはり何らかの仕事はしているわけだ。

移住してきた人は画一的でいろいろな苦しみがあっても、原住民たちは悠々自適に暮らしていることが多い。これまた、ニュータウンの知られざる、面白い点である。ニュータウンでは、その辺のおっちゃんこそが、真の「勝ち組」だったりするわけだ。

青葉区の名物といえばナシ。宅地開発で多くが消えてしまったが、土地成金となった元々の地主が一部で畑を続けている。ほとんど趣味な農家もありそうだ

田奈までいけば田んぼもある。ただ、今耕作を続けている世代が交代したら、この「田園」風景もどうなるかわからないのが実情だとも

横浜市トピックス

港北地域の道路事情

港北ニュータウンやたまプラーザ地域などは、さすがにニュータウンなだけあって道路がやたらと効率的にできている。まず高速・幹線道路だが、東名高速が横浜青葉インター、第三京浜が都筑インターと近所にインターチェンジを完備。さらに主要幹線道路として国道246号線が控え、車移動には便利この上ない立地となっている。

また、県道は新規に作られたものが多く、とりあえずやたらとまっすぐで広く、さらにちゃんと並木道になっているのが特徴だ。

こうした道の傾向は、もっと小さな道でも同じで、住宅街には曲がりくねった道などなく、住宅地にありがちな「狭い道で運転をミスり他人の家の壁を破壊」だとか、「免許取り立ての息子のおかげで新車がキズだらけ」だとかいった事態は起こりそうにない。ニュータウン様々である。

他の地域なら超狭い道でもおかしくない一般道路も、この通り完璧に整備されている。

ただし、近所の移動や２４６号線を使った中距離移動は最初から便利だったこのエリアも、長距離移動となると最初の頃は結構大変だった。東名高速の横浜青葉インターチェンジができたのは１９９８年、第三京浜の都筑インターチェンジが開設されたのは１９９５年と比較的最近で、それまでは車での長距離移動（青葉区からだと職業柄ゴルフが多い）は、わざわざ横浜町田やら東名川崎やらといっや10キロ近くも離れたインターチェンジを使用する必要があった。そんな問題も現在ではゼロ。道路事情は完璧なのである。

横浜市コラム 3

ようやく軌道にのったっぽい市営地下鉄

現在東急田園都市線が走っている青葉区や港北ニュータウンのある都筑区は、東京湾沿岸に集中するＪＲや京急線などから遠く、長らく陸の孤島状態だった。1966年に東急新玉川線（現在の田園都市線）が開通し、完全な電車ナッシング状態からは解放されたが、それでもつながったのは東京や溝の口乗り換えによる川崎方面だけであり、依然として横浜市中心部とは隔絶されていた。

これが、本書で強調する東京型住民と横浜型住民の分化に大きく影響したことは想像に難くない。そんなわけで、「こりゃマズい」とばかりに作られたのが横浜市営地下鉄……といいたいのだが、1972年の開通時の路線は伊勢佐木長者町駅～上大岡駅。その後の路線延伸でもカバーされたのは新横浜駅までだったり戸塚駅までだったりと、元々このエリアを走っていた路面電車である横浜市電が地下鉄に切り替わっただけだった。現在の市営地下鉄ブルーライン

の終点であるあざみ野駅までつながったのは１９９３年。つい最近までは横浜市内のほったらかしだったのである。

しかし、その後は横浜線中山駅からセンター北・南を経由して東急東横線日吉駅までつながるグリーンラインも開通し、ようやくニュータウン地域と横浜中心部との連絡網が整った。

……のだが、やはりほったらかし期間が長すぎたのか、直通路線が通っても、相変わらずニュータウン地域との人の行き来は少なく（港北ニュータウンはまだしも田園都市線沿線から横浜へ行く人は非常に少ない）、せっかく作った地下鉄もその実力を発揮し切れていなかったというのが現実だ。

そんな訳でしばらくは経営状況が厳しかったようで、初乗り料金が200円と他社を圧倒する高さだ。ただ、最近は急速な増益傾向にあるという。これは南部の戸塚区や泉区の人口増加に加え、港北ニュータウンからの利用客が増えたことに起因するとのこと。田園都市線とのマッチングはいまだ悪いが、開通30年を経て、ようやくその真価を発揮し始めたようだ。

ちなみにこの市営地下鉄、以前は全席が「優先席」となっていた。よって車内での携帯電話の使用は完全不可。健康なのに座っている不届きものを探す係員みたいな連中も出没するなど、「さすが県内全域禁煙とかいい出す神奈川だわあ」などと感じるところだったのだが、今はほとんどが一般席。優先席時代もイマイチ徹底されていなかったし、さすがにこれはやり過ぎだったのだろう。

第４章
新旧ニュータウンが生む地域格差は解消可能か？

緑と青の市営地下鉄によって生まれ変わったのが都筑区だ

ニュータウンは一部でまだまだ田舎な都筑区

「人to街to暮らしをつなぐ」のキャッチフレーズで2008年3月に開業した横浜市営地下鉄グリーンライン。東急東横・目黒線の日吉駅とJR横浜線の中山駅を結び、センター北駅とセンター南駅で横浜市営地下鉄ブルーラインと乗り換えができる。13・1キロメートルと短い運転区間の10駅中6駅が都筑区にあり、まさに都筑区発展のための路線といえるだろう　このグリーンラインの開業前はブルーラインしか鉄道がなかった都筑区。ただし、そのブルーラインにしても都筑区内が開業（当時は港北区）したのは1993年3月に新横浜〜あざみ野間が開通したときで、そんなに古い話ではない。鉄道網が充実しているイメージが高い横浜市にあって、グリーンとブルーの市営地下鉄しかないことに驚く人も多いかもしれないが、そもそも都筑区そのものが新しいのだから仕方がない。

都筑区が誕生したのは１９９４年１１月。グリーンとブルーの市営地下鉄の中継点の港北ニュータウン誕生により、人口が飛躍的に増加したことが大きな要因というのは今さらの話だが、それだけに、都筑区にあるものといえば、現在進行形で開発が進むニュータウンと広大な農地だったりする。その証拠に、第８９回横浜市統計書によれば田畑面積は２０１０年1月時点で泉区に次いで2位。原野面積にいたっては第1位。農家数に関しては５８９戸で第1位となっている（２００5年時点）。つまり、ニュータウンだ何だといいながら、都筑区はまだまだ立派な田舎だってことなのだ。

都筑ふれあいの丘が都筑区の未来を占う！

そんな都筑区事情が垣間見えるのが、都筑ふれあいの丘駅付近。駅から北に向かっていくと、メゾン桜ヶ丘（1987年完成）を中心に、2000年頃に次々と完成した藤和ライブタウンやグランノア、コンフォールなどの集合住宅密集エリアがあり、さらに北に行くと、しいの木台ハイツ、けやきが丘住宅、みずきが丘住宅といった1983年ころに完成した集合住宅街がある。ニュータウン乱立エリアの都筑区ならではといった感じがあふれている。

都筑ふれあいの丘駅の東側はバスロータリーなどが整備されているが、その先に見えるのは資源循環局都筑工場（1979年着工、1984年稼働開始）。いわゆる焼却工場だが、こうした施設はあまり住宅密集地には似つかわしくないだけに、その南側には一面畑が広がっている（池辺町方面）。この都筑工場には余熱を利用した複合施設があり、その愛称が「都筑ふれあいの丘」だったりするのが、駅名の由来かもね。

ちなみに、都筑工場の南西側に2005年に完成したタンタタウン周辺からは、駅まできれいな遊歩道がある。が、整備しているのは道のみで、両側には民家あり畑あり、倉庫ありで、総合的に開発しているといった雰囲気ではない。駅の近くには新築ビルが2つほど絶賛建設中なのだが、ぶっ壊して発展するの

横浜市営地下鉄の年度別乗車人員

年度	ブルーライン	グリーンライン
2006	171,536 人	
2007	179,340 人	
2008	171,675 人	26,231 人
2009	179,132 人	33,973 人
2010	179,739 人	37,992 人
2011	179,142 人	39,995 人
2012	182,176 人	42,639 人
2013	188,806 人	45,879 人
2014	187,572 人	47,130 人

※第 95 階横浜市統計書より（単位：千人）

が得意な横浜市にあって、ちょっと中途半端な気がするのだが……。

上の表にある通り、グリーンとブルーの市営地下鉄の乗車人員数が増えるほど発展してきた都筑区。これまでは思いきりのいい大規模開発で注目されてきただけに、ビミョーな開発具合の都筑ふれあいの丘は、この先の都筑区を占う重要エリアかもしれない。相鉄線の東横遷都の直結がどんな影響を及ぼすかわからないが、当面は発展傾向が続くとみて間違いないだろう。

より一層便利になる道路事情都筑区民にはマイカー必須！

横浜市の中でマイカー所有率がナンバーワン

港北ニュータウンの未来都市のような姿についついだまされてしまうが、鉄道のインフラは市営地下鉄のみという、素晴らしく弱い都筑区。となると、生活しにくいはずなのだが、横浜市営バス、東急バス、神奈川中央交通などによるバス網がカバー。そしてもちろん、都筑区民の生活を支えているのはマイカーといえるだろう。

その証拠となるのが一世帯当たりの自家用車保有台数。第８８回横浜市統計書の自動車台数を元に算出すると、都筑区は０・９９で堂々の１位なのだ。ちなみに、２位の泉区は０・８４、３位の瀬谷区は０・８３。最下位だったのは南区で０・５０。都筑区ではほぼ一家に一台自家用車があるのに対し、南区では二世帯に一台しか自家用車がないのだ。ただ、ワースト２が０・５２の西区ということを考えると、マイカーがなくても便利なエリアか、マイカーがないと不便なエリアかという差。つまり、都筑区は名実ともに田舎だってことだね。

ただし、マイカーさえあれば便利だというのが都筑区の魅力。街道沿いには大型ショッピングセンターやファミレスがいくらでもあるし、ちょっとドライブ感覚で高速道路を使えば、４０分程度で都心まで行くことも可能（都筑区役所～東京都庁でシミュレート）。横浜中心地にも約２４分というアクセスの良さだ（都筑区役所～横浜市役所でシミュレート）。だからこそ、マイカー所有率が高いともいえるだろう。

車があれば超便利！　しかも事故は少ないぞ

そんな都筑区の交通事情には、さらなる追い風が吹いている。それが横浜環状北線と横浜環状北西線の建設計画だ。北線は第三京浜道路の港北ＩＣと首都高速横羽線の生麦Ｊｃｔを結ぶ自動車専用道路で、全体の約7割がトンネル構造。２０１６年度の完成を目指して建設が始まっている。北西線は東名高速道路の横浜青葉ＩＣと港北ＩＣ（第三京浜）を結ぶ予定で、現在、建設に関する調整が行われている（ルートは左ページのＭＡＰを参照）。

この北線と北西線が完成すると羽田空港方面へのアクセスが一気に良くなる。時間的な短縮はもちろん、現在のルートに比べ距離がかなり短くなるというのがポイント。地方からの移民組が多い都筑区民にとっては、羽田空港が近くなるのは喜ばしいことのはずだ。

ただ、それだけ車社会になっていると、気になるのが交通事故。便利さと引き替えに、犠牲にしているモノも多いはず……と思ったのだが、その予想は見事に覆された。第88回横浜市統計書にあった２００８年度の交通事故発生状況を元に、自動車台数に対する事故発生件数を比較すると、都筑区は０・０１４で緑区、鶴見区と並んで１０番目。ワーストだったのは中区の０・０２２。事故の危険性が低いのは、０・０１１で同率の旭区と栄区だったのだ。

２００５年にセンター南から歴史博物館脇交差点に引っ越してきた「都筑ま

現在のルートMAP

横浜環状北西線ルートMAP

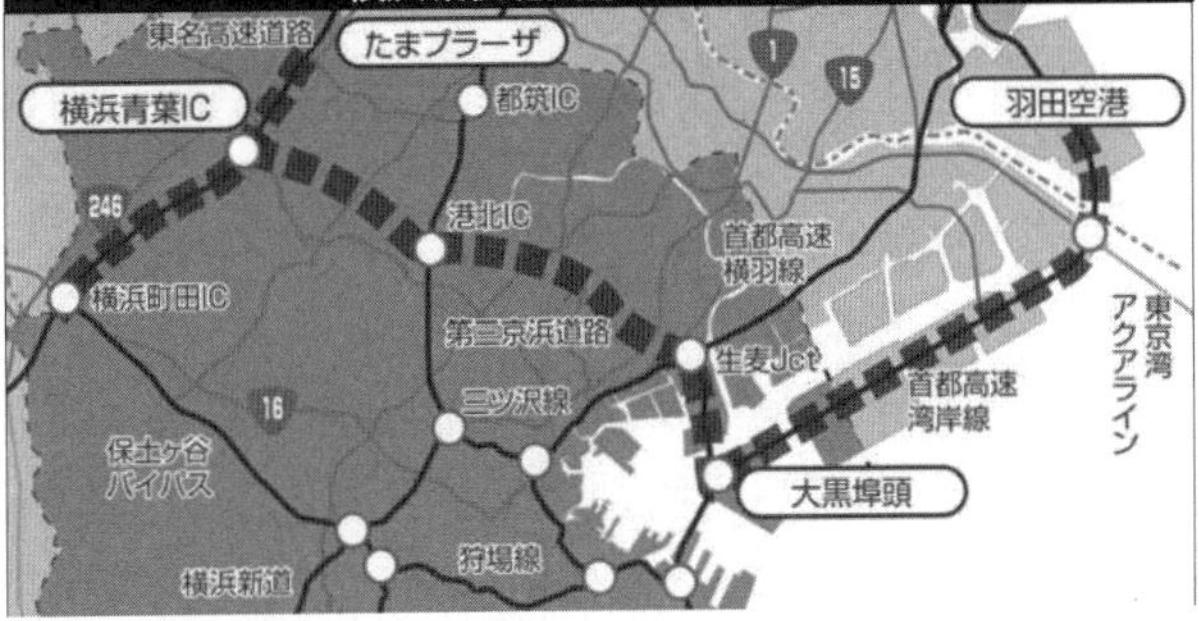

もる君」に守られているかどうかは不明だが、現段階では都筑区民が安全運転を実践している可能性はヒジョーに高い。ただ、より一層道路事情が便利になるだけに、マイカーがこれまで以上に必須となり、台数も増える予感のする都筑区。このまま事故が増えないような状況をキープする工夫は必要だろうね。

次々と完成していく横浜環状線。通すのは無理だと思われたような場所にも強引に作られ、ビルの窓の目の前を高速が通っているなんて場所もある

センター北駅から徒歩で5分！ 横浜市歴史博物館で横浜を学ぶ！

横浜の歴史を学ぼうと思ったら、横浜市歴史博物館に行くのがベスト。収蔵品数は11万点以上（２００９年度）あり、弥生時代の出土品などを見ることができるだけでなく、隣接する大塚・歳勝土遺跡公園では遺跡や復元された民家などもある。もちろん、横浜の歴史でとっても重要な「ぶっ壊して発展するのが横浜流」は、港北ニュータウンと開発で半分削られた感じになった遺跡公園を見ればよく分かるはずだ！

小机は朽ち果てるかぶっ壊されるの待ち？

日産スタジアム側は本当に何もない小机

横浜環状北線の開通は、都筑区の道路事情もそうだが、港北区の道路事情にも大きな恩恵を与えてくれること間違いナシ。特に出入口の建設が計画されている新横浜は、ますます発展するだろう。しかし、そうした発展のすぐ近くで、朽ち果ててしまいそうな街がある。それが小机なのだ。

じゃあ、小机ってどんなところなのか？　JR横浜線新横浜駅のお隣さんで、横浜国際総合競技場（日産スタジアム）の最寄り駅（徒歩約7分）だったりする。そのためなのか、1998年に完成した駅舎は、横浜線の横浜市内の各駅の中で一日平均の乗車人員が一番少なく（第89回横浜市統計書より）、快速が停車しないにもかかわらず、かなりご立派。自動改札機は８台もある。ただし、ゲートや施設によっては新横浜駅（ＪＲから徒歩約14分、市営地下鉄から約12分）かブルーラインの北新横浜駅（徒歩約14分）から歩いたほうが近い……というくらいビミョーな距離だ。しかも、小机駅の北口側には何もない。試合やイベント開催日には店が出たりするのだが、整備された遊歩道までの間にあるのは民家と畑。信号をひとつも渡らずに行けるというのはすごいんだけどね。

そんな小机は、間違いなく初めて利用する人を不安にさせている。菊名駅方面から来た場合、新横浜駅を過ぎると、車窓から見える風景は完全な田舎。遮るモノがなくなって日産スタジアムもよく見えるのだが、そのために、どんどん遠ざかっていくような錯覚に襲われるのだ。

商店街側は寂れてるがそこそこ魅力あり！

さて、何もない小机を強調してきたが、日産スタジアムとは逆側の南口側に降り立てば、一応ロータリーがあり、そこそこ交通量もある横浜上麻生道路沿いには、銀行や郵便局、コンビニも完備。商店街からは美味しそうな香りも漂っていて、生活するのに困るような感じでは全然ない。が、最近発展した、という痕跡はほぼ感じられず、日産スタジアム最寄り駅としての恩恵は、まったく受けていないというのが正直なところ。

日産スタジアムで何かがあっても、商店街側には人が流れてこない……となると、何か手を打たなければこのまま朽ち果てていってしまう危険性は高そうだが、横浜流のぶっ壊して発展はなさそう。わざわざぶっ壊して発展させるくらいなら、何もない日産スタジアム側を開発した方が話が早い！　ということもあるが、現状、小机をどうこうしようという感じがないのだ。

とりあえずほったらかし状態になっている小机。新横浜からこんなに近いのにちっとも開発される様子もない。ただ、駅から徒歩10分圏内の家賃相場が2DKで約7万9000円、2LDKで約10万6000円とお手頃なのは高評価（HOME'Sで調査）。新横浜や日産スタジアムの近くに住んでいるって自慢したい人は、小机は狙い目かも。

小机の商店街は、地味ながら機能的には十分。いきなり商店街で開催される「商店街プロレス」にも参加している一線級の商店街だ

小机駅の駅舎はスタジアム対策もあってなかなか立派。ただ、駅の目の前がいちなり空き地だったりするのはどうなのよ、と

横浜市トピックス

誰か行くのか？小机城址市民の森

上杉氏によって築城されたとされるが、正確な築城年代は明らかでない小机城。あまりパッとしない歴史しかなく、徳川家康が関東に入府したときに廃城となっている。ちょっとしたエピソードといえば、江戸城を築城（とはいっても、家康が増築する前の小規模な城だけど）した太田道灌（おおたどうかん）が、小机城を攻めるときに自軍の士気を高めるため、「小机はまず手習ひのはじめにて　いろはにほへと　ちりぢりになる」と歌を詠んだということくらい。有名人の太田道灌ありきの話で、小机城がどうってことでないのが悲しいところだ。

現在は「小机城址市民の森」となっており、ＪＲ小机駅の北口を出て日産スタジアムと逆側に少し歩くと、畑の向こうに確認することができる。といっても見えるのはお城ではなく緑の丘。10分程度歩いて公園内に入ると、そこにあ

観光客はほとんど訪れそうもないが、地元民のレクレーションには使われているようだ

るのは遊歩道と森。本丸跡や櫓跡などの看板と広場はあるが、自販機なんてひとつもない。アップダウンが激しく、日が暮れてしまうと軽～く遭難できそうだ。

　そんな小机城址公園は第三京浜によって東西に分断されている。もちろんこれは、ぶっ壊して発展するのが横浜流が生んだ姿。地下にはＪＲ横浜線の城山トンネルも貫通してる。

　それにしても、この公園。遊びに行く人っているんだろうか？　と思ったら、少年野球チームが本丸跡で本気の練習中。桜の季節には花見でにぎわう、隠れスポットらしいぞ。

新都心としても注目されるが微妙に不便さを感じる新横浜

イメージが悪いだけでどんどん便利になる！

上にある「横浜市の主要商業・業務地配置方針MAP」を見ても分かる通り、横浜市の新都心として重要視されている新横浜。みなとみらい21地区の開発が完了しつつある今、まだまだ開発の余地がある新横浜はこの先もっと注目されることになるはず。しかし、左ページにまとめたような多くの施設や企業があることで人が集まってくる新横浜には、不便さを感じることがある。それは何故か？

そもそも新横浜はかつて田園風景が広がる田舎だったから、インフラがきちんと整備されていなかったのだ。１９６４年の新横浜駅開業当初、連絡していたのは横浜線のみ。横浜駅に行こうにも、横浜線は東神奈川駅止まりが多く乗り換えが必要。菊名駅で東横線に乗り換えるという手もあるが、どちらにせよ不便。もちろん、そんな田舎駅には「こだま」しか停車しなかったわけだが、横浜市営地下鉄3号線（現・ブルーライン）が1985年に横浜駅〜新横浜駅間で延伸開業したことにより、やっと不便さをあまり感じることなく横浜駅、そして、横浜中心地の桜木町や関内に行けるようになる。以降、ブルーラインの新横浜駅〜あざみ野駅間が1993年に開業し、新横浜駅周辺の開発が進むごとに「ひかり」や「のぞみ」の停車する数がダイヤ改正で増えていき、2008年3月の改正で全ての新幹線がやっとのことで停車するようになったわけだ。

つまり、現在のレベルまで便利になったのはつい最近のこと。それまでは、不便さを感じても仕方がないような駅だったのだ。

しかし、新横浜駅には、さらに不便さが解消される計画がある。それが神奈川東部方面線の整備だ。これは相鉄・JR直通線と相鉄・東急直通線を整備することで、相鉄の西谷駅から新横浜駅を経由し、東急線の日吉駅を結ぼうというもので、相鉄・JR直通線は２０１０年3月25日に建設工事起工式が開催された。この計画が完了すると、新横浜〜二俣川間が31分から20分短縮され11分になり、新横浜〜日吉間が17分から11分短縮され6分になる（横浜市都市整備局が記載する整備効果より）。これはオーバーでなく、かなり便利になるといっていいだろう。

しかも、先に解説した横浜環状北線が完成すると、羽田空港方面や第三京浜道路への車でのアクセスが一気に良くなる。新横浜出入口が建設される新羽・北新横浜エリアの再開発も同時に進む可能性が高く、現在よりも確実に便利になるはず。かつて田舎だった新都心新横浜は、どんどん不便さが解消されていくのだ！

横浜市の主要商業・業務地配置方針MAP

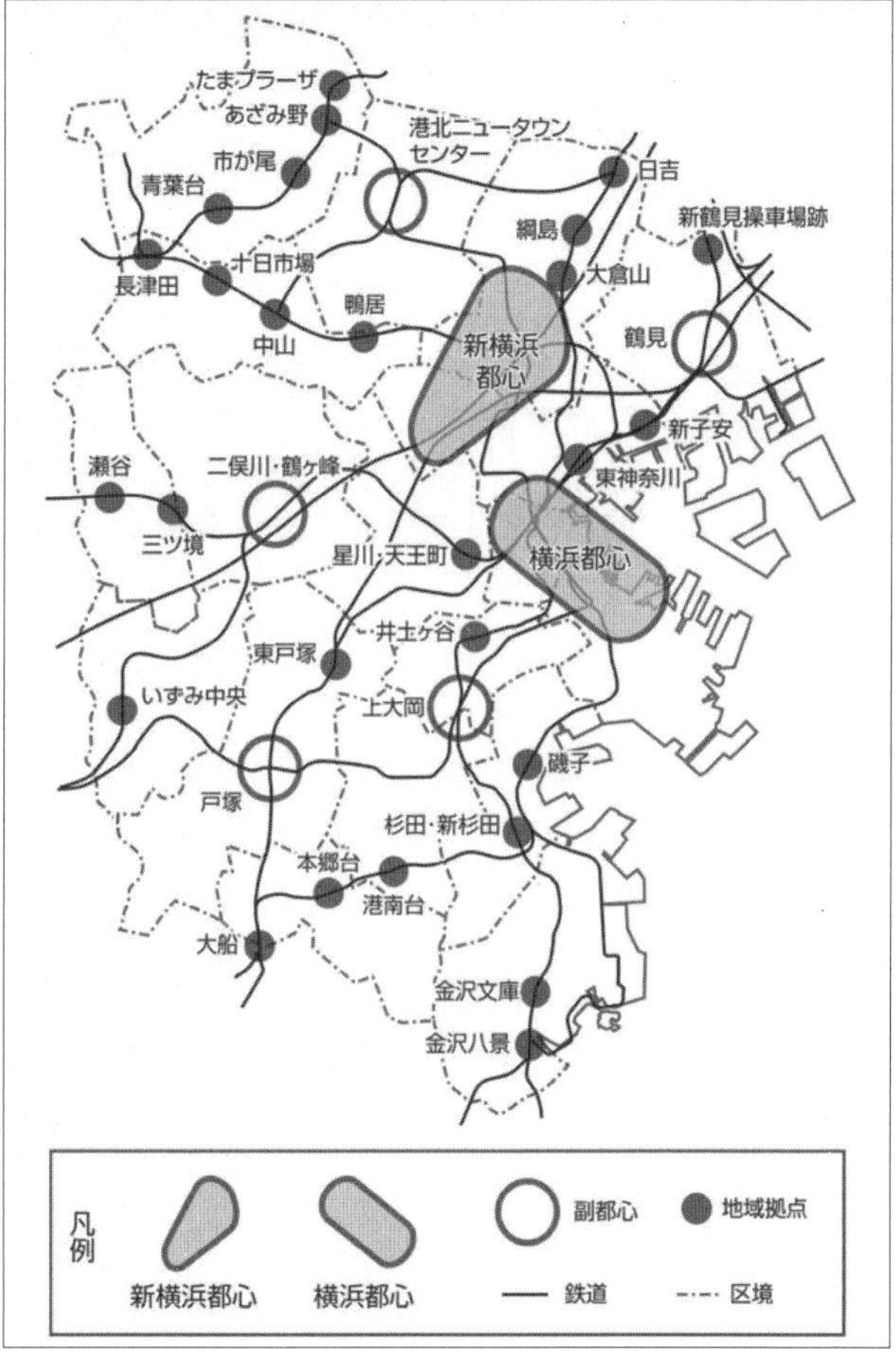

北京までの直通運転が最終目標!?　壮大すぎる弾丸列車計画って何?

新横浜の発展に欠かせなかった東海道新幹線の骨子となったのは、戦前にあった高速鉄道計画。当初から最高時速は200キロという驚異的なスピードで計画され「弾丸列車」と呼ばれた。満州への物資輸送力を高めるため、東京〜下関を結ぶだけでなく、下関と釜山を海底トンネルで繋ぎ、北京まで結ぶという壮大な計画だったが、戦局の悪化で建設は断念。戦後に国内のみ建設が進み、新幹線となったのだ。

田園都市線沿線ほど魅力ナシ港北エリアの東横線沿線事情

街がとにかく古い！　イメージ戦略でも敗北

港北エリアの発展に大きく貢献した路線といえば、現・東急東横線。１９２６年には鉄道が完成し、開業した各駅の周りには商業施設（主に商店街ね）や住宅街が誕生。東京型住民のベッドタウンとして発展してきた。

そのため、といっては何だが、港北区内にある東横線の各駅とその周辺は、とにかく古臭い。計画的に開発された感じがあるのは、駅前のロータリーから放射状に道が延びている日吉駅の西口側くらいだ。

東急といえば田園都市線沿線開市民であれば誰もが知っていること。それなのに、どうして東横線と田園都市線でこんなに差があるのか？

その理由は開発時期にあるといっていいだろう。田園都市線の溝ノ口〜長津田間が開業したのは1966年。その頃の田園都市線といえば、畑や田んぼ、原野が広がっていた田舎。単に開発しやすかっただけなのだ。

東急東横線といえば、渋谷〜代官山〜中目黒〜祐天寺〜学芸大学〜都立大学〜自由が丘〜田園調布といった、超人気エリアを走っている路線。都内における人気はハッキリ言ってかなり高い。しかも、今ではみなとみらい線直通により元町中華街に行くのも楽チンになって、注目度だってアップしているはず。となれば、横浜流ぶっ壊し精神で再開発すれば港北区内の東横線沿線も魅力度がアップするはずなんだけど、どの駅もあまりにもごちゃごちゃしていて、難しいんだろうね。

というわけで、各駅の様子をちょっと確認していこう。まずは日吉駅。東急目黒線はこの日吉駅まで並走して運転。グリーンラインとの乗換駅でもあることから、利便性は高め。東側には広大な慶應義塾大の日吉キャンパスがあり、西側は地域密着の商店街が広がっている。綱島駅の東側はかつて温泉街だったことを感じさせる変な街並み（ラブホテルも数件あるし）。西側の細い通りにはたくさんの飲食店が建ち並ぶ。

次の大倉山駅は港北区役所の最寄り駅。その割に駅ビルもなく、駅前商店街が栄えている感じでもない。梅林で有名な大倉山公園は徒歩圏内だが、ロフトやユニクロが入居しているトレッサ横浜はちょっと遠くて歩きたくない。

菊名駅はＪＲ横浜線との乗換駅。駅前の節操の無さはピカイチで、商店街は寂れ過ぎ。駅のすぐ近くから広がる住宅街はアップダウンが結構激しい。本当ならもう少し南寄りに、日吉駅西側と同じような感じのロケーションになるはずだったが、横浜線との連絡の関係で今の位置に。錦が丘に残された無駄なロータリーからしても、菊名の中途半端さがうかがえる。

妙蓮寺駅はザ・昭和。改札口を出るといきなり踏切で、東側には妙蓮寺が、西側には生活感たっぷりな商店街がある。確かにこの雰囲気が「オシャレ」か？というとノーだが、田園都市線で演出されている街並みだけが魅力的なのかというと、そうでもないはず。家賃相場や土地公示価格を見ても、日吉や綱島の方が、実は、たまプラーザやあざみ野よりもやや高かったりする。それなのに魅力が何故か感じられないのは、ヒジョーに残念な話だよね。

地下鉄グリーンラインの接続に続いて、今度は相鉄の直結駅にもなる日吉駅。慶應の駅から巨大ターミナルへと変貌してしまった

どこもかしこも地下化させてしまう東急線。東急発祥の地である伝統の日吉駅だけに地下化は早く、なんと1991年には完成していた

東京の奥座敷と呼ばれた温泉街だった綱島は本当に島だった

かつては温泉街や花街としてにぎわいを見せた綱島温泉。今では温泉旅館は一軒もなく、温泉街だった面影はほとんどないが、それ以上に面影がないのが、この一帯が島だったという事実。鶴見川がまだ東京湾の深い入り江だった時代には、現在の綱島神社や綱島公園のある高台が、中州状に点在する島々だったのだ。「ツナシマ」は「連なる島」から転じた地名というのも、もはや知らない人の方が多いだろうな。

中山駅のメインは中山商店街
ニュータウンらしさは皆無

ローカル色が漂う昔ながらの商店街

1994年に区の北部を青葉区と都筑区へ分区し、現在の区域となった緑区。区域は東西に細長く、中央にはJR横浜線が東西に走っており、長津田駅では田園都市線及びこどもの国線と接続、中山駅では市営地下鉄グリーンラインと接続している。分区した青葉区は東急の開発により、都内至近の高級住宅街として広くその名を知られているが、緑区は鶴見川と恩田川合流地点から上流に広大な農業用地を持つなど、横浜市らしさを感じさせない一面を持っている。というか、「元々の横浜市内陸部はこうだったんですよ」という風景が広がっているというべきだろうか。関東地方には埼玉県さいたま市の緑区、千葉県千葉市にも緑区という区名があるのだが、いずれも緑と自然が豊かなのを売りにはしているものの、地域周辺の環境はおおむね田舎。横浜市の緑区の場合は田舎ってほどではないにしろ、やはり同様に、地元ローカル色が強い地域という感じだろう。

区内には「長津田駅」・「十日市場」・「中山駅」・「鴨居駅」があり、どの駅もローカルな雰囲気を醸し出しているが、中心地となるのは緑区役所に近い中山駅であろう。中山駅は南口と北口があり、南口はＪＲ東日本都市開発株式会社が運営している「ロンロン」と中山商店街、北口にはなんと田園都市計画を一括代行してお洒落な街を築き上げた東急があるのだ。北口の駅前にはきれいに整備された駅から続くデッキと、広いロータリーやタクシープールがあり、区画整備がしっかりと行われた後が見受けられる。市営地下鉄グリーンラインも北口で接続していると９１なると、移動しやすくて便利な北口を利用する人が多いのかと思いきや、何故かにぎわっているのは矮小な道に古い商店街が軒を連ねる南口なのである。

地勢の問題により街のにぎわいに変化が？

再開発された北口とは異なり、小さなロータリーと県道110号線へと続く狭い道路をバスがスレスレで行き交う中山駅南口。街の雰囲気は昭和テイスト丸出しで、道路沿いはチェーン店だけではなく、古くからその地で商売を営む個人経営の店舗も数多く見られる。歩道はそれなりの幅が取られてはいるものの道幅自体が狭いため、バスが通過するときにぶつかるんじゃないかというギリギリ感がある。再開発に成功した北口に対し、地主や地元民たちと対話がうまくいかず、再開発が頓挫している南口という雰囲気があからさまに漂っている感じだ。

それでも何故か地元民に愛される中山駅南口。駅からの人の流れを見てみると、移動にも買い物にも都合の良い駅ビル「ロンロン」のエスカレーターやエレベーターで1階まで移動後、中山商店街方面へと向かっているようだ。確かに中山駅南口は区役所や銀行、駅直結のロンロンやユニーなど生活に必要な商業施設もそろっている。どうも南口に人が流れていく仕組みは中山駅の立地に関係しているようで、かつては神奈川県が住宅用地として取得したが、用途が変更され旭区と緑区にまたがる四季の森公園として整備された。そのせいなのか南口には複数の学校があり、宅地化されているエリアが多い。一方、北口は駅から至近の距離に恩田川があり、またその周辺は緑区の売りのひとつでもある農地が広がっているため、宅地化されていないエリアが多いのである。つまり、地域住民が多く住む南口は利用する人も多く、北口は単に利用者が少ないというだけのようだ。とはいえ、中山駅南口の利便性・機能性は最低レベル。何とか再開発を成功させて、誰もが住みやすい街へと変貌してもらいたいものだ。

利便性の悪い南口をなんとか機能させている中山商店街。しかし商店街受難の時代にあって構造的欠陥も抱えているとあっては中々苦しいのが正直なところ

できた当初はイマイチその恩恵を感じにくかった市営地下鉄だが、徐々に利用者も伸びており、いずれ今のような状況は解消……されないと困るんだよなあ

野鳥観察好きにはたまらない東京都と神奈川県を流れる恩田川

東京都町田市及び神奈川県横浜市を流域とする恩田川は、一級水系鶴見川の支流となる一級河川である。神奈川県を流域とする一級水系は多摩川水系・鶴見川水系・相模川水系の３つで、「国土保全上または国民経済上特に重要として指定した水系」と河川法に定められた川が一級水系と呼ばれ、国土交通大臣が直接管理する。東京都町田市本町田に源を発し水量も豊富で、鶴見川と共に横浜市の重要な水源となっている。

横浜市コラム ４

物流から始まった横浜線

ＪＲ横浜線は神奈川県横浜市神奈川区の東神奈川駅と東京都八王子市の八王子駅を結ぶ電車で、八王子や信州で生産された生糸を横浜へ輸送することを目的として、１９０８年に「横浜鉄道」という私鉄として開業したのが横浜線の始まりである。かつての東京都八王子市は絹織物産業や養蚕業が盛んで「桑の都」及び「桑都（そうと）」という美称があったほどで、生糸を背負った商人たちが歩いた「絹の道」があったという。豪商から嫁を迎えたほど栄華を極めた生糸商人もいたほどで、八王子市には生糸商人の八木下要右衛門（やぎしたようえもん）の屋敷跡に絹の道資料館が建てられ、横浜の生糸市場で商いをしていた問屋の原善三郎（屋号は亀屋）が、八木下要右衛門にあてた手紙が展示されている。当時、海外では欧州全土に蚕の病気が広まり、生糸生産は壊滅的なダメージを受けていた。品質の良い生糸や蚕種を求める諸外国と、それを輸

出するに適した港を所有していた横浜。生糸貿易の舞台は八王子商人から横浜商人へと移っていくのだが、生糸の大量輸送手段として横浜商人が鉄道建設に着手したことが横浜線の始まりなのである。

その後、関東大震災や国有化など紆余曲折を経て１９８７年、国鉄分割民営化によりＪＲ東日本となった横浜線だが、冒頭でも記したとおり横浜線は東神奈川駅と八王子の全20駅を結ぶ電車で、横浜駅へは京浜東北線と根岸線への乗り入れで行われている。日中を除く朝夕のラッシュ時などの時間帯はその大部分が東神奈川駅が発着駅となっているため、横浜駅へ向かうには京浜東北線へ乗り換えなければならない。他線の乗り入れで運行している以上、乗り換えは仕方のないことではあるが、それ故に東神奈川駅では乗り換えのための混雑が非常に厳しい。京浜東北線との接続に難があるなど、利用者からの苦情は絶えないようである。日常的に利用している人からすれば、横浜線は横浜駅に行かない（日中は除く）というあまりにもむごい事実を受け入れたくなくても受け入れて利用しているが、それを知らない東海道新幹線の新横浜駅で降りた人はびっくり！　横浜線っていうぐらいだからと横浜線に乗り換えてみたら横浜に着かない……。関西方面の人からすれば「どないやねん」、福岡の人からすれば「どうゆうことやろか」ってな感じである。横浜線なのに近くて遠い横浜駅。利用者の皆様にはすべてを水に流せる魔法の言葉、遺憾の意を表明いたしたいと思います。

第5章

横浜型住民①
相鉄線&京急線沿線

横浜市にも南北問題が!?
生活保護率・犯罪発生率ともに最悪！

貧民層だけでなく一般人も住みにくい

さて、東京型住民が住むエリアがどんな所かが分かった所で、ここからは横浜における本当の主役ともいうべき、横浜型住民にスポットを当ててみよう。ここで定義する横浜型住民というのは、相鉄線&京急線沿線を生活の基盤としている住民で、いわゆる、朝起きてから家に帰って寝るまでを横浜市内で完結するスタイルの住民を指す。区でいえば、中区を中心とした南に位置するエリアと思ってもらえればいいだろう。

では最初に、住民本来の姿を調べるにはもってこいのブツで横浜型住民の姿の調査を開始することにしよう。そう、本書・地域批評シリーズではお馴染みとなってきた、生活保護の件数だ。これまで様々な地域の生活保護件数を見てきたが、生活保護件数＝住民の姿と思ってもらって問題ない。それだけ信憑性が高いのだ。

それでは、各区の数値を見てみることに……なんかね、もう出落ちみたいな展開で、この後の原稿を書く自信がなくなってしまう悲惨な数字が嫌でも目に飛び込んでくる。貧民層の特攻隊長ともいえる中区の７０００世帯以上、保護率（人員）約58％は別格としても、周辺の南区や西区、保土ケ谷区などの保護率も非常に高い（すべて中区白書２００８より）。はっきり言って、横浜型住民は超が付くほど貧乏ということだ。

なんだか、いきなり結論が出てしまった感じがするが、この貧しさは非常に問題で、区の一般会計予算の大部分が生活保護費に充てられており、福祉や子育てに回る額が圧倒的に少なくなってしまっている。つまり、貧しいだけでなく、一般の人まで住みにくい地域になってしまっているのだ。

貧しさが引き起こす負のスパイラルは深刻

いやいや、お金儲けが下手なだけで、悪い人はいない。世の中、日経しか読まない拝金主義者ばかりが勝ち組になる仕組みだが、貧しくても頑張って生きるのが横浜型の住民なのだ。そう思いたい所だが、その願いをブチ壊してくれるのが犯罪認知件数のデータだ。この数字を見てみると、東京型住民の代表格ともいえる港北区が1位になっており、生活保護件数でブッチギリだった中区は2位。犯罪の数じゃ東京型も横浜型も同じじゃん、と思ってしまうが、よーく見てほしい。これは犯罪が起きた数のデータである。

勘の鋭い人なら分かると思うが、つまりこういうことだ。東京型住民の代表格ともいえる青葉区などの港北署管区では窃盗された件数が単純に高かっただけ。治安の悪さじゃ、またしても中区がブッチギリで1位ということなのだ。こじつけじゃないか！　とお思いの方もいるだろうが、実際に犯罪の分類を見てみると、港北区は窃盗犯3601件、凶悪＆粗暴犯261件。これに対して、中区は窃盗犯27338件、凶悪＆粗暴犯504件（中区白書2008より）。

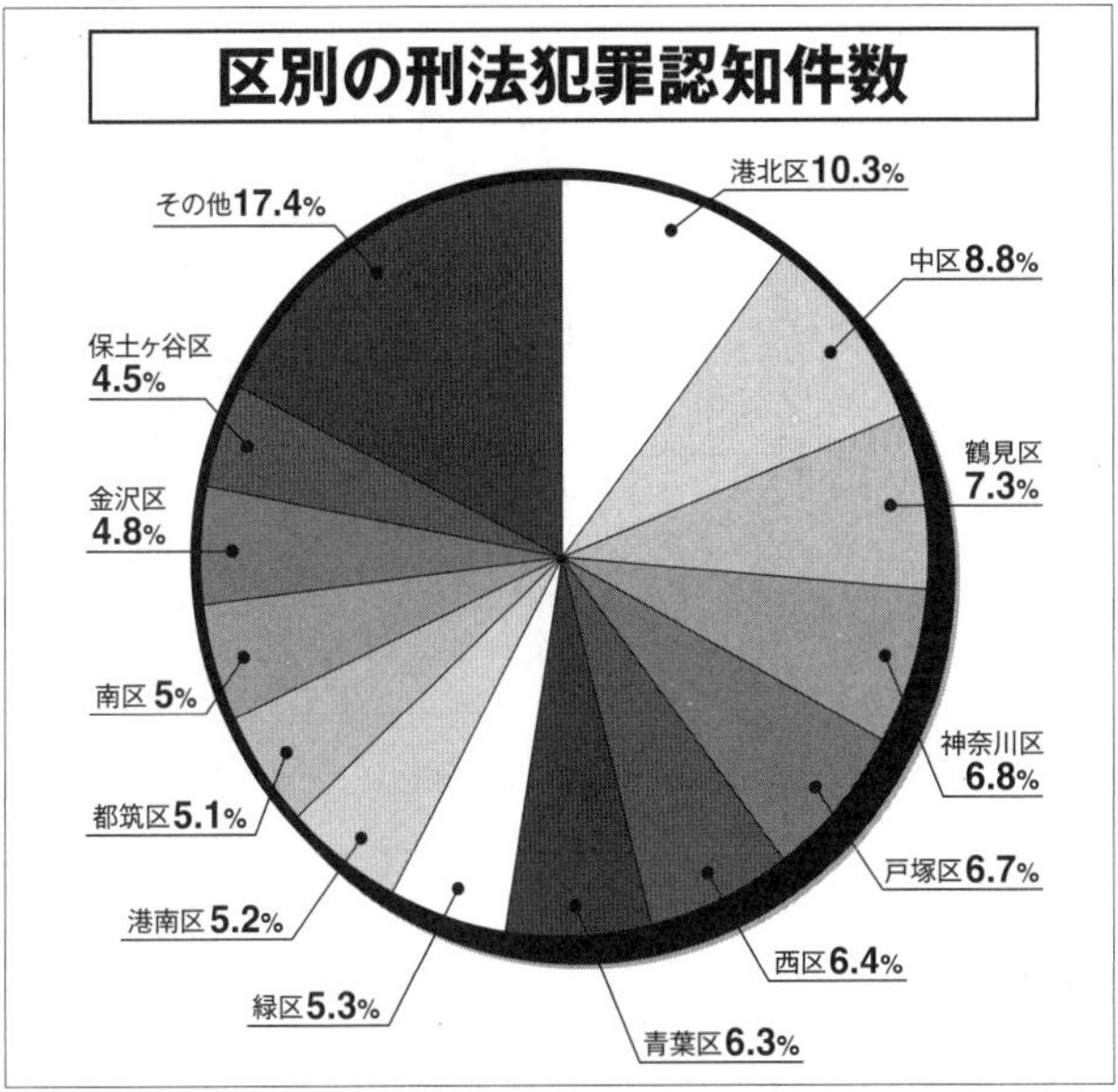

※中区白書 2008 より

明らかに治安が悪いと言えるだろう。

　生活保護の数を調べた時点で予想できたことだが、改めて数字で見せられると、横浜型住民の生活環境は悲惨としか言いようがない。もちろん、横浜型住民の代表格として扱った中区には繁華街があり、外国人が多いという要素はある。しかし、それを考慮しても住みやすい地域とは言い難い。横浜市にも、地域ごとの格差問題が存在するのだ。

所得では相鉄・京急ともに東急沿線に完敗だが

所得は少ないが土地成金は多数存在？

　ある特定地域を出して横浜における格差問題を紹介したわけだが、それを裏付けるもう一つのデータを紹介。それは沿線別に見る年間の総所得ランキングである。沿線の平均データとなれば、その住民像がわかるというものだ。

　まずは、東京型住民が住む東急田園都市線。京王井の頭線には負けたものの、年間の総所得額は688万円の4位。全国の私鉄沿線での調査で4位ということは相当裕福であることが分かる。また、ランキングを見て驚くのが東急グループの強さ。ベスト10以内に6の沿線を送り込んでいるのだ。いかに東急ブランドが成功し、高所得者を獲得しているかがわかる。

次いで紹介するのが、横浜型住民が住む相鉄&京急沿線。残念ながらベスト10入りはならなかったが、15・16位。全国平均で見れば御の字というか、まあまあという結果だろうが、東急田園都市線と比べると敗北。東急グループと比較すると、完膚無きまでに打ちのめされる結果になっている。まぁ、前のページで紹介している生活保護のデータを考慮すれば当然の結果なんだが……。

ただ、フォローするわけではないが、この数字は所得なので、これだけで貧乏とは言い切れない。相鉄線も京急本線も開発により土地を売って大儲けした成金が多数いるはず。まぁ、すでにギャンブルや株などの投資で全財産を溶かしているかもしれないが、一応、付け足しておこう。

所得に比例する使い勝手⁉

所得の面でも完敗……という結果だった相鉄&京急沿線。実際の使い勝手はどうなのよ？　使い勝手はどうかさえ良ければ、別に沿線の住民が貧しいかどうかなんて関係ないはず！　と意気込んで、ランキングに入った関東近辺の私鉄初乗り運賃を調べたのだが……、やはりというか、大手私鉄の基準ともいえる120円にかなうわけがない。毎日使うとなると、10~20円の差はかなり大きいだろう。

また、使い勝手つながりで調査をしていくと、相鉄&京急沿線ともにかなりの数の「開かずの踏切」ってやつを抱えており、電車に乗らない人にまで、迷惑をかけているという体たらく。これじゃ、どうあがいても使い勝手で東急に勝つことは無理だ。ちなみに、横浜市を走る田園都市線の開かずの踏切はゼロ(というか、踏切自体がない)。それに対して、有名どころだけでも、京急9カ所、相鉄30カ所……って、開発の時点で何とかならなかったのか? と思ってしまう。

私鉄沿線別所得ランキング

順位	路線名	世帯あたり総所得数（万円／年）
1	京王井の頭線	709
2	東急東横線	700
3	東急目黒線	689
4	東急田園都市線	688
5	小田急小田原線	678
6	東急大井町線	671
7	東急池上線	652
8	小田急江ノ島線	631
9	阪急今津線	625
10	東急多摩川線	624
11	東武野田線	623
12	京王相模原線	621
13	京王線	620
14	名鉄名古屋本線	620
15	相模鉄道本線	610
16	京浜急行本線	605
17	近鉄名古屋線	600
18	西武池袋線	598
19	京成本線	597
20	新京成電鉄	590

※ NRI 調べ

相鉄線の初乗り運賃は140円と、庶民の味方とは言い難いが、それでも沿線に住むのが横浜型の住民といえる。2015年のJR＆東急乗り入れで便利になることは間違いない。

路線全体の所得データは冴えないが、京急沿線はセレブ地帯とビンボー地帯が両方あることも考慮にいれるべき。一部の地域はかなりすごいぞ

横浜市トピックス

東急と張り合う相鉄線の生き様

１９１７年に当時の高座郡茅ヶ崎町で設立され、意欲的に事業を拡大していくのだが、業績は芳しくなく１９４１年には東京横浜電鉄（現東急）の傘下に入る。現在の相鉄線に相当する路線を開業させたのは、神中鉄道という会社だが、その会社も業績悪化により東京横浜電鉄の傘下に。その後、経営合理化のために相模鉄道が神中鉄道を吸収合併し「相模鉄道相模線」「相模鉄道神中線」となった。

１９４４年には戦時体制下におけるバイパス路線として、相模線が国有化されてしまい、相模鉄道神中線のみとなってしまったが、東急の力を借りてなんとか戦中を乗り切り、１９４７年には相鉄の役員らが相鉄の株式を取得。東急からの独立を図り、戦後の再スタートを切ることになる。

しかし、１９６０年になると東急が再び相鉄買収の動きを起こすのだが、時

一つ目小僧にも見える9000系。この車両までは相鉄名物の自動窓があるぞ。

の経営陣は既存株主に対して売却しないように働きかける。また、横浜出身である三井銀行社長が積極的に相鉄の後ろ盾となり、防戦資金を融資して東急の買収を防ぐことに成功。

この件があってか、どうかは分からないが、東急の渋谷・多摩田園都市開発に対して、相鉄は横浜西口・いずみ野沿線開発が行われるなど、何かと敵視した関係が続いているようだ（力関係は歴然だが）。

東急にしてみれば、苦しい時に助けてやったのに、と思うのだろうが、相鉄にしてみれば、自分たちの意地と誇りがあるのだろう。

丘の上にへばりつく上大岡の住宅地

周辺住宅の整備はかなりヤバイことに

さて、ここまで何一つ明るい話題がない横浜型住民エリアの相鉄&京急沿線。横浜型住民エリアは本当に貧しくて暮らしにくいのだろうか？

その答えを導き出すために、ここでは沿線を語る上で外せない「街の開発」を見てみよう。

相鉄&京急沿線で有名な街開発といえば「上大岡」が有名だろう。横浜副都心の一つで、1988年に始まった再開発事業により、市内有数の繁華街に発展した地域である。駅前には鎌倉街道が走り、それに沿って巨大商業施設などが並び、週末ともなれば、それなりに人も集まる……と、駅前の開発はとても順調に進み、平成21年の完成に向けて着々と進んでいる。だが、駅前に問題はなくても、街そのものに問題があるのが上大岡の特徴なのだ。

その特徴は横浜方面から電車に乗ってみれば一番分かりやすい。お隣の弘明寺駅からトンネルを超えて、最初に目に飛び込んでくるのは、山の傾斜はそのままに、至る所に建てられた家の群れ。しかも、積み重ねるように家を建てたおかげで、駅を中心としたエリアが「家で出来た山」に囲まれている格好になっている。言い方は悪いかもしれないが、これじゃブラジルや香港のスラム街とあまり変わらない……。

しかも、見た目以外にも問題があって、傾斜はそのままに家を建てたもんだから、坂や階段のオンパレード。もちろん、駅からのバス網は比較的発展しているのだが、入り組んだ場所にはたどり着かないので、自宅へ帰るにも山登りをしなくてはいけない。これじゃ、街の開発に成功しているとは言い難い。

現に、他の地域じゃ抽選販売になるような大手建築会社の物件でも、この丘の上に建てたばっかりに販売にかなりの苦労をしたらしい（噂では販売開始から完売まで1年近くかかったとか）。

悪いなりにも思い出がいっぱい？

ただ、街の開発には失敗したかもしれないが、それは客観的な意見であって、住んでいる住人にとっては必ずしもそうではない。住人にとって坂のある街は、思い入れのある街であることも事実なのだ。今回の取材では、かなり歩きまくったのだが、上大岡という単語を聞けば、「強烈な坂の街」という感じで頭の中にインプットされてしまったし、ここら辺の住民にとっては、この坂を登ると自分の「家」に帰ってきた、と実感する人も多いのではないか？　坂や階段が多いと、どうしてもマイナスのイメージがつきまとうが、意外と慣れてしまうものなのだ。

東急沿線のように、山さえも無くし、その場にあった風景や空気の流れさえも変えてしまう開発もいいかもしれないが、それでは東急の街を作っているだけ。多少の欠点はあるけれども、強烈な思い出が作れる街もいいんじゃないかと思う。

横浜市トピックス

どこまで延びる京急ファミリー

明治維新により、より近代化へ進んでいった当時の日本。横浜から川崎町を経て大師河原町に至る横浜電車鉄道と、縁日で賑わう川崎大師と川崎町とを結ぶ川崎電気鉄道の建設が計画され、その両社を合同して1898年に京浜急行電鉄の母体となる大師電気鉄道が設立された。

当時の営業路線は六郷橋から大師を結ぶわずか2キロ、車両数5両という極めて小規模なものだった。翌年4月には社名を「京浜電気鉄道株式会社」に変更し、その後、品川に乗り入れ、川崎から神奈川間を全通させる。

横浜を通るのは1930年の5月と意外と遅く、横浜型住民のエリアとなる横浜~日ノ出町間はその翌年に開通。1933年に湘南電気鉄道との連絡が完成し、品川~浦賀間の直通運転が始まった。

戦時体制下により、戦中は小田急電鉄とともに東京横浜電鉄（現東急）に合

ノスタルジックな旧1000系。未だに現役で走っているのがスゴい

併されたが、1948年に分離し京浜急行電鉄株式会社として新たなスタートを切ることになる。

　場所柄、三浦半島へ海水浴にいく客が多く利用した名残か、日ノ出町の駅のホームにはタイルで描かれた三浦半島が未だに残されている。他の駅には見られない貴重な文化財といえるだろう。

　乗客の増加とともに、路線も拡大して現在では三浦半島と都心が1時間たらずでつながっている。設立当初からは考えられない進歩を遂げているのだ。

相鉄・京急沿線の主力は巨大団地に住むブルーカラーだった

ブルーカラーの夢は団地から羽ばたくこと

前のページでは街開発の話が出たが、横浜型住民のエリアを分析する上で団地の存在も忘れてはいけない。

日本における団地ブームは昭和30年代の高度成長期に始まり、高層化、そして巨大化していき住宅不足の解消に貢献したのだが、横浜においては他の地域よりも団地ブームが特殊な発展をした。

なにが特殊かといえば、その規模。とにかくデカイ。一つの団地で5千人から1万人はざら。ショッピングセンターを併設している団地も多く、基本的には団地にいれば何不自由なく暮らせてしまうのが特徴だ。今となっては普通とも思えるが、当時からこの手法を使っていたのは、横浜人以外には無かったような気がする。

そんな、特殊な発展を遂げた団地のメインの住人ともいえるのが、高度成長期から今にかけて、相鉄&京浜線を使って働きに出ているブルーワーカーたちでもある。

若葉台団地のような、団地といえども分譲がメインで、そこそこ裕福な住民が住む団地もあるが、当時建てられた団地はほとんどが賃貸である。比較的貧しくても、いつかは一戸建ての夢を見て、汗水垂らして働いているのが横浜型住民の典型的なスタイルといえるんじゃないだろうか？

イメージは悪くても環境は意外にも良い

団地に住む横浜型住民。この言葉だけを聞くと、なんだかマイナスオーラに包まれた住人のイメージしかわかないのだが、実際にはそんなことはなく、生活環境はかなり良好。見た目が古く駅から遠いというマイナスポイントこそあるが、値段の割に部屋は広いので、窮屈な思いをすることはない。団地の周辺には公園もあり、近所の子供同士が遊ぶ姿が見られとても健全だといえる。

少なくはなっているが、今のマンションにはない、近所の付き合いが残っているのも団地の特徴だ。こんな生活環境は他を探しても、そうそう見つからないんじゃないかと思う。

ただ、問題点もあって、どの団地も建て替えを控えているせいか、新たな入居者を積極的に募集しておらず、住民の高年齢化が見られること。高年齢化が進めば、団地自体の活気が無くなり、廃れていくのは時間の問題。特殊な発展を遂げた団地の文化だけに、実に寂しい限りだ。

横浜市内の有名な巨大団地

大里住宅（中区）
大和町住宅（中区）
竹の丸住宅（中区）
花咲団地（西区）
南永田団地（南区）
野毛山住宅（西区）
左近山団地（旭区）
西ひかりが丘団地（旭区）
若葉台団地（旭区）
仏向町団地（保土ケ谷区）
桜ヶ丘住宅（保土ケ谷区）
保土ヶ谷駅前ハイツ（保土ケ谷区）
汐見台団地（磯子区）
洋光台中央団地（磯子区）
栗田谷住宅（神奈川区）
白幡第二住宅（神奈川区）
ガーデン山団地（神奈川区）

※

横浜市の古い団地といえば左近山はその代表格のひとつ。入居開始は1968年からだから、すでに50年近くが経過している。古びるわけだわ

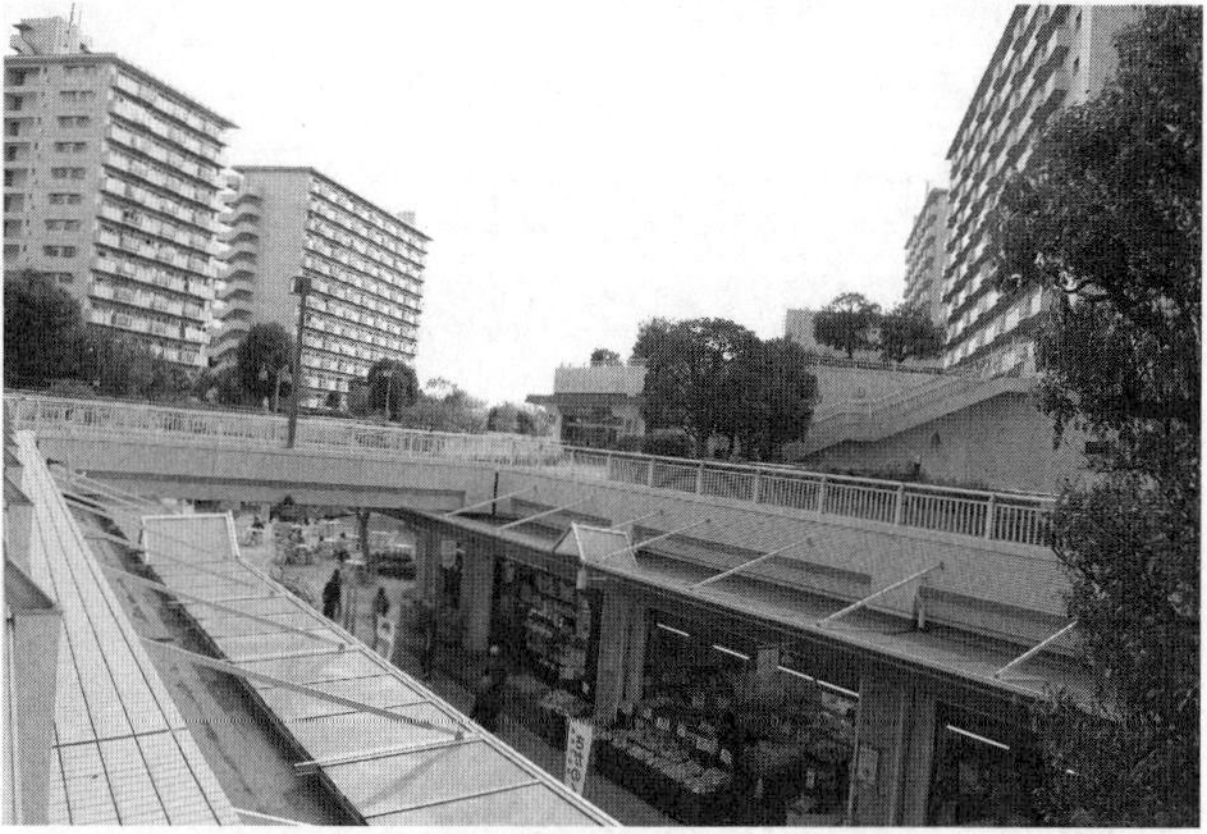

旭区の若葉台団地は1979年から分譲を開始。最盛期がバブル崩壊に重なり、いまだに未完成の部分が残るという波乱に満ちた歴史がある

団地が建てばついてくる横浜銀行のＡＴＭ

団地に併設されているＡＴＭといえば横浜銀行。ご当地柄か圧倒的なシェアを誇っている。旦那が勤めている企業が横浜なら給与も横浜銀行の可能性が高いので、横浜型住民にとっては打って付けというわけなのだ。ちなみに、横浜銀行は日本最大級の地方銀行であり、長らく総資産額でもトップの座にあった。みなとみらい地区にある本店ビルは約１５０ｍの高さを誇り、銀行の本店ビルとしては日本一の高さである。地味なイメージの銀行だが、実はスゴい銀行なのだ。

最初からシステムが崩壊している駅前でも居心地はイイぞ！

地元を愛する横浜型住民の本質を見た

さて、横浜型住民が住む相鉄&京急沿線のエリアは、治安が悪くて貧乏クセー、というイメージに決定しつつあるわけだが、最後に鉄道事業の要ともいえる駅前開発に注目してみよう。

鉄道会社にとってみれば、駅前開発は鉄道事業の中でも最も重要なもので、ここで失敗してしまうと事業すべてに影響が出てくる部分といえる。その駅前開発で成功しているのが東京型住民が住む、東急田園都市線沿線だろう。東急ブランドのイメージもあってか、沿線周辺の土地は常に高値で安定しており、高級住宅街を決定づけているのだ。

土地が高いのだから結果的に住むのはお金持ち。そして、そのお金持ちが家から駅までを東急バスを使い、そして電車で仕事へ向かう。そして、電車で帰ってきたら東急ストアで高級食材を買い、東急バスで家に帰るという、特別なことをしなくても、東急が潤うシステムが構築されているのには驚かされる。

それに対して、横浜型住民のエリアである相鉄＆京急沿線はどうだろうか？　主要な駅を探しても東急に勝てるほど成功している駅はそうそう見つからず、現状では失敗している駅前のほうが多いといわざるを得ない。その失敗例が顕著なのが相鉄線の鶴ヶ峰駅だ。

この駅前は、駅から直結するタワー型の巨大マンションとレストランなどの商業施設＆相鉄ローゼンが合体する豪華な作りになっていて、一見すると、とても失敗しているようには思えない開発プランなのだが、なんと、メインとなるバスのロータリーが相鉄ローゼン側と逆。つまり、駅を利用する大多数の客が相鉄ローゼンの前は通らないという致命的な構造になっているのだ！　人が通らないということは当然ながら、売り上げは上がらない。駅前開発の三種の神器ともいえる電車・バス・スーパーのシステムが崩壊している珍しい例だろう。

ただ、この致命的な問題により、生き残ったのが地元の商店街。普通、巨大な商業施設が出来れば商店街は寂れてしまうものだが、ここ鶴ヶ峰商店街は元気そのもので活気に満ちあふれている。

それにプラスして、商店街が生き残った理由は、地元住民の気質というのもある。何というか、昔からあるものを大事にする感覚が強いのだ。パチンコ屋にしても相当年季が入った外装だが、中に入れば常連客で賑わっており、そこいらのチェーン店よりもバカ出しているのだ。

揚げ物だらけの総菜屋も、店員の女の子は外国人だったが、違和感なく地元民にとけ込み、常連客の相手をしていた。ヨソ者ながら、使ってみたいと思う居心地の良いエリアなのだ。

もちろん成功しているエリアだってある！

その他のエリアで特筆すべき所は相鉄線の二俣川駅。横浜の副都心として指定されている割には、駅自体の作りはシンプル。駅ビルにも長崎屋などのスーパーが入る程度で地味めな感じだが、ここには運転免許試験場や県立のがんセンター、各種専門学校などがあるおかげで成功しているのだ。

住宅地に関してはボロカスに叩いた上大岡だが、駅前開発においてはかなり成功しているエリアだろう。駅ビルＷＩＮＧにはヨドバシカメラを筆頭に、そんじょそこらの都市には負けない店舗が入っているし、その駅ビルの目の前にはカミオという商業施設があり、レストランだけでなく、郵便局や公証役場、さらに保育園や囲碁が出来るスペースまで完備している。上大岡の住人は、すべて駅前で完結することが可能なのだ。駅前開発の王道ともいえる成功例だが、これはこれで居心地は良い。

もちろん、それに物足りなくなったら、駅周辺にはキャバレーなどのムフフな風俗店も充実しているので、地元を愛する横浜型の住民ならば行くしかないだろう。地元を愛するならね。

横浜市コラム 5

ついに手の入った上大岡の再開発状況

横浜南部に位置する、横浜の副都心「上大岡」。駅の目の前を鎌倉街道が通るように、交通の要所でもあり、古くから栄えていた街だったが、商店街は個人商店が中心で、老朽化や大型店舗の出店により経営が悪化し、かなり荒れた状態になっていた。

そんな中、1988年から始まったのが、上大岡の再開発事業だ。街の活性化を目指したこの計画。18ヘクタールの土地をA・B・Cの3ブロックに分けて開発を進めるという大規模な計画だけあって、土地所有者との交渉がスムーズに行かず、頓挫しそうになったとも言われている。

だが、開発当初からあった「地元住民に利益をもたらすことを目的」として「私たちの力で再開発を行い」「新しい街づくり」というコンセプトが土地所有者に理解され始めると、開発は軌道に乗り、順調に展開していくのであった。

この再開発でのポイントは、開発を主導するのは企業ではなく、地権者を中心とした組合がメインということだろう。企業と手を取り合い、本当の意味で地元住民に利益が出るような開発プランを描いているのである。決して企業が利益のみを追求している開発ではないのだ。

ゆめおおおかがあるＡブロックと鎌倉街道を挟んで目の前にある商業施設のカミオがあるＢブロックは先に完成し、カミオの隣、Ｃブロックにミオカ、上大岡タワーがレジデンスが最後となった。

Ｃブロックの目玉としては、リストガーデンスクエアと連動した、巨大な商業施設と１２０ｍのタワーマンションが合体したビルで、中にはフィットネスクラブや映画館など、これまで上大岡になかった施設が入っている。カミオに続く大型ショッピングモールの完成により、これまで以上に周辺地域から人が訪れ駅周辺が賑わうようになった。120mのタワーマンションにおいても、完成前から掲示板などで話題にあがっており、Cブロックの注目度の高さがわかる。

再開発の波にのまれ、銭湯や美容室、駄菓子屋など、昔あった風景が次々と消えてしまった上大岡。大型クレーンが機械的に仕上げていくCブロックの基礎工事を見ていると、開発の道を選んだ住人の答えは正しかったのか？ と思うこともあるが、何もしないで廃れていくよりは、開発という道を選んで正解だったんだろう。

街は時を重ねるごとに変わっていくもの。100年前と同じ街なんて、ありはしないのだ。

第6章
横浜型住民②
本牧＆山手

トンネルを越えるとそこは下町だった 異人の足下で庶民は暮らす

庶民を阻む丘の結界　劇的にグレードダウン

中華街や横浜スタジアムなどがあり、観光地として賑わう関内、そしてハマトラ発祥の地として名高い元町だが、南下していくと広大な丘陵地帯である山手エリアにぶち当たる。そしてその山手の丘を貫く山手トンネルをくぐると、景色は驚くほどに一変。華やかな観光地、あるいは教会や文化施設、お嬢様学校が建ち並ぶ山手の丘と隣接しているエリアなのだが、トンネルを抜けた瞬間に現れるのは「ザ・庶民エリア」麦田町だ。

山手トンネルを南に抜けると通りの名前が本牧通りと変化する（北側の通りは特に名前がない）のだが、その沿道にあるのはクリーニング屋、食堂、個人経営の本屋に中華屋。中華屋といっても中華街チックな本格中華ではなく、どの街にもある「ラーメン屋」だ。由緒正しい下町、庶民の町といった感じの商店街である。少し進むと本牧通りから折れる形で、新たに大和町商店街が登場するが、こちらもいたって庶民的。いきなり銭湯が現れたりするし、周辺には住宅地以外なにもない。住宅地にしても、山手の丘の上のようなおハイソな家は皆無で、まぁ庶民が暮らす下町である。

首都圏や都市部では、繁華街エリア、金持ちエリアと庶民エリアを分ける境界が必ず存在しているが、中区における境界線は何といっても「丘」に尽きる。丘の向こうは繁華街、丘の上には外人墓地に教会、そして金持ち。丘をブチ抜くトンネルの場合、開通前には地理的にも行き来は難しいので境界線としては納得できるが、丘の上と下の境界線は小道がたった１本あるだけ。急勾配な丘を下ってふもとに着いた瞬間、笑っちゃうくらい家屋のグレードが変化するのだ。境界線というよりは、なにか庶民を拒絶する「結界」であるかのような変化っぷりである。

崖崩れの危険に怯えつつ庶民は丘の合間で暮らす

本牧通りは和田山公園を取り囲むように弧を描いて伸びているが、この弧の内側エリアは基本的に庶民が暮らす住宅地。和田山公園より東側の本牧エリアも高級住宅地なのだが、これはかつて米軍に占有されていた「外国人居留区」だったという歴史があるためで、景観がいい土地は米軍に占拠され、丘と丘の合間にある土地にしか庶民は住めなかった。本牧通りの内側へ入っていくと、和田山公園に到達するまで家しかない。西之谷町、本郷町、本牧緑ケ丘に本牧満坂、このあたり一帯がすべて住宅地。更にはこの地域にはバス以外の交通手段がなく、内側へ入っていくほどバスが通る本牧通りとも離れていく。住宅地エリア内にも何本かバス通りがあるが、暮らしやすいとはとても言えないだろう。西側へ突っ切れば根岸線山手駅があるが、歩いて行くには距離があるため、やっぱりバス通りまで徒歩移動する必要あり。小道ばかりなので車での移動も厳しく、まさしく陸の孤島である。

横浜は至る所に丘がある起伏が激しい地勢なのだが、この本牧通りの内側にも突然丘が登場したりする。そして、丘の上にはきっちり高級そうな住宅が建ち並んでいる。見晴らしの良い場所は、すべて金持ちに占拠されているのだ。取材中、日が暮れ始める中このエリアを歩いていたのだが、暗くなると丘の上がピカピカと光り出す。何事かと見てみると、庭に飾り付けたクリスマス・イルミネーションだった……（取材は12月中旬）。木造平屋の住宅地では、そんな飾りはついに発見できなかった。よく見かけたのは「この辺は崖崩れが起こるから注意」みたいな看板。急勾配の丘に囲まれたエリアなだけに、大雨でも降れば崖崩れの危険もあるのだろうが、なんかこうやりきれない感情が湧き上がってくるのであった。暮らすのにすら命懸けなのか！　というか、注意って言われても、崖崩れってどう注意すればいいのだろうか？　崩れる危険のある丘に家を建てる金持ちの気持ちも、よくわからないんだが。

関東大震災の復興事業として始まった山手隧道。元々は市電専用だったが、この復興事業によって現在の形になった

一般的にはお高い感覚の寿司屋も、このエリアではどこか庶民的な外観に

本牧ブランドは横浜の誇り
高級マンションとオシャレストリート

占領地は音楽と廃墟の街に変貌

関内から山手トンネルを抜けて本牧通りを進むと現れるのが、横浜が誇るジャズの街・本牧。

本牧エリア一体は、第二次世界大戦で日本が降伏するとアメリカ軍によって接収され、米軍の住宅地とされてしまった（82年に返還）。今からほんの20年前まで、本牧はアメリカだったのだ。

本牧がジャズの聖地となったのも、駐留アメリカ人向けにバー、ダンスホールが多く存在した影響だ。アメリカから最新の音楽が持ち込まれる本牧は、60～70年代は最先端の音楽が聴ける街だった。ベトナム戦争時などは、短い休暇を得た軍人が本国ではなく日本へとやってきて、本牧あたりで遊んで帰って行った。戦地帰りの米兵相手に下手なロックやジャズを聴かせようものなら、容赦のない罵声が浴びせかけられるワケで、このエリアで鍛えられたバンドマンは実力派揃いだったという。中でも有名なのが、グループサウンズで一世を風靡したザ・ゴールデン・カップス。本牧一丁目に存在するクラブ「ゴールデン・カップ」(今も健在)でライブを行っていたのがグループ名の由来だ。現在も「本牧ジャズ祭」が毎年開催されるなど、アメリカ文化が根付くエリアとなっている。

さて、無事に本土復帰を果たした本牧は、解放された土地を再開発。住宅地が整備され、中心地には大型ショッピングモール「マイカル本牧」が誕生した。マイカル本牧は周辺エリアの整備と共に計画(未来都市マイカルタウン)され、89年に完成。12棟のビルで構成されたマイカル本牧には、食料品を売るマーケット、映画館、ショッピングモールにファッションビル、スポーツ施設、ホテルとあらゆる施設が存在していた。しかしバブルの崩壊に加えみなとみらい21が誕生したこと、バスしか移動手段がないことにより、徐々に客足が遠のいていく。最終的には多くのビルからテナントが逃げ出す「廃墟状態」となり、現在ではスーパー「SATY本牧」と、身売りにより生き残ったシネコン「MOVIX」が残るのみ。あとは取り壊されマンションになるか、廃墟のまま放置されている。

陸の孤島も暮らしは万全　高級住宅に漂う中流臭

マイカル本牧の無惨な顚末を聞けば、相当寂れたエリアなのかと思うかもしれないが、住宅エリアとしての本牧は高級志向のまま健在だ。本牧通りを進み旧占領エリアに入ると、庶民的な家屋は姿を消し、高級マンションと高級住宅が軒を並べている。

本牧通り沿いのマンションは、大抵1階部分にレストランやドラッグストアなどの商業店舗があり、まぁマイカルに頼る必要もないよなぁ、という構成に。バスしか足がない状況ではあるが、逆にバスの本数が多いため、通勤には大して困らない。商業施設も暮らしに必要なものは近所に揃っているので、あまり影響はないようだ。

かつて本牧の中心だったマイカル。市電の廃線とみなとみらい線が「来なかった」ことで経営が悪化。現在はイオンが買取、イオン本牧店となっている

サティはかなり早い段階でイオングループに入っていたが、それでもほとんどのスーパーが「イオン」の名前になってしまうとちょっと違和感があるような

一般人出入り禁止!? 心臓破りな坂を登るとそこは高級住宅地だった

歴史と伝統の丘・山手では歯医者までもが荘厳に

横浜を代表する高級住宅街にして、観光地ともなっている山手町。海に面して切り立つように存在する、歴史ある丘の町である。

山手が観光地化する歴史は、黒船来航による開国までさかのぼる。ペリーの脅迫に屈して江戸幕府は鎖国を解いた（超意訳）ワケだが、その際に開かれたのが横浜港、そして外国人居留区となったのが関内エリアだった。しかし、低地で湿気の多かった関内は嫌だ！　と他人の家でわがままを言う外国人達に、新たに与えられたのがこの山手エリア。海に面した高台で、景観もバッチリということで、山手の丘は外国人達の住み家となった。もっとも、最初から住宅地として提供されたワケではなく、まず領事館などの敷地として一部を割譲、その後軍用地として一部をイギリス、フランスに提供。その後も外国人は増え続け、結局山手一帯が駐留地として開放された。港の見える丘公園にある「フランス山」は、フランス軍が駐留していた名残だ。イギリス＆フランス軍が山手に軍隊を駐留するきっかけとなったのが「生麦事件」。教科書に載るレベルの歴史があるのがこのエリアの特徴だ。

他に有名所として外人墓地もある。ペリーが二度目に来航した際、うっかりマストから落っこちて死亡したロバート・ウィリアムズが埋葬者第一号。というか、彼のうっかりのおかげで、幕府はペリーから「今後も誰か死ぬかも知れないから、専用の墓地を用意しろ！」と難題を吹っかけられた。ちなみに埋葬者第二号もマストからの転落死だから、ペリー艦隊はうっかり揃いだったようだ。外国人が多い関係から、多くの教会も建てられた。山手カトリック教会、山手聖公会などが現存し、周辺にミッション系女子校が多いのも山手がキリスト教布教の中心地だった影響大。エリスマン邸や山手資料館など、かつて外国人が住んだ洋館も多い。歩いていると次々洋館や教会が見えてくるのだが、お次は何だ、とゴシック風建物を見たらなんと歯科医院で驚いた。立派な建物が多いエリアだけに、クマさんがでっかい歯ブラシ持っているイラストなんかは似合わないんだろうが、歯医者までもが荘厳なオーラをまとうエリアなのである。

外国人の次は大金持ち庶民にゃ無縁な坂の町

山手が外国人専用の居留地ではなくなったのは、1899年（明治32年）。そしてその後の1923年、関東大震災で被害を受けてからは外国人居住者が他エリアへと引っ越していき、その後は日本人も住み着き始めた。が、庶民がおいそれと住める土地ではないワケで、当然ながら金持ちが大邸宅を建てていき、高級住宅地・山手が完成した。山手本通り沿いには教会や学校、外人墓地と元町公園などがある観光地的エリアで、その周辺が住宅地エリアとなっている。まぁ住宅地の中に突然歴史的建築物が現れたりもするが。

坂が多い横浜ではあるが、エリア全体が丘である山手は、当然ながら延々と坂、坂、坂だらけ。しかもかなりの急勾配で、正直とてもじゃないが暮らしやすいとは言い難い。にもかかわらずブルジョワ連中はお山から降りようとはしないようで、正直どうやって暮らしているのか非常に疑問だ。由緒ある建物だらけなせいで、この周辺には生活臭が皆無であり、商店などもふもとまで降りないと何もない。こんな所に住んで何が楽しいのやら、などと考える時点で「思考が庶民」なんだろうなぁ。

かつて名門のひとつだった横浜山手女子は中央大学の付属校となり、今では共学に。場所もセンター北へ移ってしまった。これも時代の流れというものか

東京の桜蔭・女子学院と並ぶ「女子御三家」の一画である横浜雙葉は当然健在。高校では第一外国語が英語とフランス語から選択になるのが有名

乙女を守る断崖絶壁お嬢様学校は山頂にそびえる

名門だらけの山手な女子校の歴史

歴史と坂の町・山手は、女子校が密集する文教地区でもある。フェリス女学院（大学＆中・高校）、横浜共立学園、横浜雙葉学園、横浜山手女子に横浜女学院と、そうそうたる名前が並ぶ。すべてミッション系女子校と、男子禁制の聖域っぽいこのエリア。それぞれの学校の歴史を見ていこう。

日本最初の女学校であるフェリス女学院は、女性宣教師・メアリー・エディ・キダーによって開設された。１８７０年、山手にあるヘボン塾で子供達に英語を教え始めたのが始まりで、その５年後には寄宿舎と校舎「フェリス・セミナリー」が完成。これがフェリスの基礎となった。ちなみにヘボン塾とは「ヘボン式ローマ字」でおなじみのヘボンさんの塾であり、つまりは明治学院大学の創始者。明学とフェリスはヘボンさんを通じて兄妹関係にあったのだ。

横浜共立学園の創始者も、女性宣教師ルイーズ・H・ピアソン。他に二人の女性宣教師と共に、1871年に設立した。横浜雙葉学園の設立は、前述2校よりかなり遅れて1900年。ただしその起源となるのは「日本にやってきた最初の修道女」であるメール・マチルドによって1872設立された孤児院だ。当時は日本が開国した直後であり、宣教師達が新たな布教先として日本へ続々とやってきた時代でもあった。キリスト教布教の橋頭堡であった山手に、これらの女学院が密集しているのには理由があったのだ。各校の創立に関わった女性宣教師達は、皆山手の外人墓地に埋葬されている。

なおフェリス、共立、雙葉の3校は「横浜女子御三家」と呼ばれているが、これは歴史うんぬんの話からではなく、成績上位の進学校だから。さらに余談だが、フェリス女学院大学の学園祭へやってくる客は、ほとんどが男だとか。お嬢様相手に下々の輩ががっつくものではない。上手くお付き合いできたとしても、育ちの差に打ちのめされること必定だ。

徒歩orバス通学の庶民的なお嬢様達

山手に集中する女学院。このエリアは小高い丘の上にあり、そんな所にお嬢様達が自力で歩いて登るものだろうか……というワケで、実際に平日の下校時間あたりを見計らって取材に行ってみた。運転手付きの黒塗りベンツで乗り付けているのでは、と漫画みたいな想像もしていたが、あに図らんやトテトテと歩いて下山されているご様子。フェリスの正門前にはバス停もあり、バスや徒歩で通っているようだ。意外と庶民的？

また、すれ違ったお嬢様達の会話が漏れ聞こえてきたりもしたのだが（あくまで偶然です）、そんなに高尚な話題でもなかったり。中身は普通の女子中＆高校生ということなんだろう。ただしお一人だけ「帰国子女が……」みたいな話をしていたお嬢様も。高尚かどうかはともかく、やはり本物もいるようである。山手の丘を降りると、ふもとにはハマトラの発祥地・元町が。フェリス＆雙葉の生徒は位置的に元町・中華街駅を利用するはずなので、下校時にはこの辺で遊んでいるのかもしれない。

横浜市コラム 6

山手だけじゃない！坂だらけ都市横浜

坂だらけの山手には、谷戸坂、見尻坂、ワシン坂。女学校の通学路となった坂は、フェリスに向かう道ならフェリス坂、横浜女学院と共立学園そばなら乙女坂と、ようするに下から続く道はすべて坂。急勾配の高台である山手へ向かう道、そのほとんどの坂に名前が付けられているのだが、坂が多いのは山手だけの話ではない。横浜では他のエリアも坂だらけである。中区以外の坂で、奇妙な名を持つ坂を紹介していこう。

鶴見区にある、国道1号線から伸びる坂道、昭和坂。この坂道には石原裕次郎が主演した映画のロケ地となった洋館があり、その周辺は映画のタイトルからズバリ「陽のあたる坂道」という名で呼ばれることに。この坂の途中からも坂が延びているのだが、こちらは「どんぐりころころ坂」と冗談のような名で呼ばれている……そうなのだが、地図上にはその名がないので、地元住民が勝

手に呼んでいるだけかもしれない。
西区の野毛山動物園に繋がる水道坂の一部は、あまりの急勾配に尻をこすらないと登れないから、ということで「尻こすり坂」というあんまりな名前が。尻といっても、歩いている最中に尻をこするという風景が思い浮かばない。大八車やリアカーの尻だろうか。現在でもシャコタンなヤンキー車ならこするかも。
西区には他にも「暗闇坂」がある。巨大な木々に囲まれ昼でも薄暗かったからだそうだが、坂の途中に監獄と処刑場があり「常時首がさらされていた」とかで、誰も通ろうとしなかったとか。暗闇うんぬんより首が怖い！　この坂は、源頼朝が鎌倉から遠駆けして来た際、あまりの絶景に馬を止めて眺めたという伝承から「鞍止坂」という別名も。気を抜くとすぐに歴史が顔を出すのも横浜の特徴だ。

風変わりな坂道ばかりでなく、「稲荷坂」とか「大坂」とかの、ありがちな名を持つ坂ならいくらでもあるのが横浜だ。そして名のある坂は、大抵が旧武家屋敷だったり開国時に異人が住み着いていたり、もしくは寺社仏閣だったりする。徹頭徹尾、庶民を坂の下に転げ落とし、見晴らしのいい高台は「偉い人」が占拠してしまうのが横浜の伝統なのである。

そういう意味では、やはり山手の外国人達は当時の超VIPだったワケで、海を見下ろす切り立った丘・山手に住み着いたのは必然だったのだろう。

第7章

ハマトラからマフィアまで
みんな仲良し横浜中心地

超トラッドタウン元町 ハマトラは今も現役

横浜のオシャレなイメージは元町から

横浜のイメージに「オシャレな街」を挙げる人は多いはず。そのイメージアップに大いに貢献しているのが元町だ。

ヨコハマ・トラディショナル。略して「ハマトラ」とは、山手のお嬢様学校の女学生たちのカジュアル・ファッションが、1970年代後半に、女性誌が火付け役となって全国へ広がっていったスタイル。横浜の老舗のオリジナル商品で揃えるのが正統派で、ハマトラが流行ったことで元町も有名になっていった。

でもハマトラって、同じ港町の神戸を発祥とするニュートラをパクってんじゃないか？　なんてことを言っちゃダメ（言うとファッションがわかってないのがバレるから）。それに元町には、長い歴史で培われた元町ブランドの数々がある。

「K」のマークが印象的なキタムラの鞄。西洋家具様式を取り入れた横浜家具。和洋折衷の工芸品の工房。乱立するブティック。

そんな、メインストリートの元町通り、それと平行に走る仲通りと河岸通り、垂直に交わる代官坂通り、百段通り、汐汲坂通り、厳島神社通りからなる元町を歩いてみれば、ハマっ子が自慢したくなるのがよくわかる。

全体がコーディネートされたストリートは、明らかにギャル系や小僧、加齢臭がするただのオッサンは立ち入り禁止！　そんな見えない立て看板があるかのようで、そういった人種は見あたらない。

ここが日本を代表するファッションストリートです。そう外国人観光客に紹介しても、全然恥ずかしくないだろう。

元町こそハマっ子パワーの産物

開港150周年だからこそ、今一度注目されて然るべき元町。開港で山手に多く住むようになった外国人相手の商売で発展したが、大正12年の関東大震災で焼失。元町ならではだった輸入品も他の港が開港していく中で魅力が低下。復興しつつもパッとせず、さらに、昭和20年5月の横浜大空襲で焼け落ちてしまう。

そこから元町の復興の足掛かりになったのが、終戦で横浜に上陸してきた米軍様。皮肉にも開港当初が再現されたのである。

そんな元町を支えたのは、やはり地元の人たち。元町には強靭な自治運営会「SS会」があり、元町ブランドを築き上げてきた。行政の手があまり入らなかったことが功を奏したのかもしれない。

巨大ショッピングモールのワンフロアやテーマパークではないのに、元町ブランド以外は受け入れなかったことで造られた街。まさに、横浜大好きな保守的ハマっ子パワーの産物といえるだろう。

ただそれだけに、敷居が高く感じられるのが横浜トラディショナルの象徴「元町ブランド」。ハマトラは今も現役ではあるが、かつて輸入品の魅力が低下したかのごとく、海外ブランドが大量に流れ込んでくる現在の状況。また、横浜市全体の開発、交通網の整備が進んだことで増えてしまった競合相手の圧力に屈して、パッとしなかった歴史だけは繰り返さないでほしい。

日々変わり続ける横浜駅周辺。にあって元町は比較的その影響を受けていないエリアだ。元町ショッピングストリートこそ、ハマトラの象徴といえるだろう

横浜駅周辺大改造でエキサイトとは？

ぶっ壊しターゲットは古くなった西口エリア

２０１９年度をめどに、横浜駅西口に、高さ１９５メートルの高層ビルが建設される。いくら再開発に慣れっこの横浜市民でも、このニュースには結構注目しているはず。その理由はただひとつ。横浜駅の工事はいつになったら終わるのだ？　という疑問でしかないのだが、「横浜駅はサグラダ・ファミリアか！」なんてからかわれるほど、駅とその周辺の工事はまだまだ終わりを見せない。

この新駅ビルは、商業施設の横浜シァルと、横浜エクセルホテル東急が取り壊され、その跡地に建設される。これに伴い、横浜駅を東西にまたぐ商業施設（線路上空棟）や、鶴屋町地区には大規模な駐車場が建設予定。線路上空棟には新しく改札を設けて人の流れを分散させることで、中央通路の混雑緩和を目指す目的もある（人の多さにはビックリするもんね）。

1950年代より開発が一気に進んだ横浜駅西口側には、駅直結で横浜高島屋や相鉄ジョイナスなどが利用できるだけでなく、西口五番街（商店街）や横浜ビブレ、ダイエー、東急ハンズといった商業施設が密集。横浜の玄関口といえばこの西口側だったのだが、横浜市政に何回も計画変更を余儀なくされ、どんよりとして進まなかった東口の開発が加速すると、見た目の形勢は逆転。みなとみらい21との連携もあり、今では東口側の人気が高いようだ。

入り組んで迷路のようなザ・ダイヤモンド地下街を筆頭に、古びた感じが否めない西口側だが、商業規模は年間約3700億円で、東口側の約1600億円の倍以上という実力を持つ。東西合わせた横浜駅周辺の商業規模は、首都圏では新宿、池袋に次いで第3位。やっぱり横浜はすごいんですよ。

そんな横浜駅周辺を大規模に再開発しようという計画も進みつつある。「横浜駅周辺まちづくり懇談会」や「横浜駅周辺大改造計画づくり委員会」などが2007年から定期的に開催されていたが、20

09年9月に「横浜駅周辺大改造計画（案）」が出され、10月に市民意見を募集した結果として取りまとめられたのが「エキサイトよこはま22」だ。

おおむね20年後の街の将来像を見すえた「国際都市横浜の玄関口としてふさわしいまちづくり」の指針となるこの計画により、羽田空港の国際化を機にさらに国際都市としてのイメージ固めをしたいというのが横浜の思惑。そのイメージ動画を見た人は規模の大きさに、驚いたと同時に「本当に実現するの？」

（仮称）横浜駅西口駅ビル計画の概要

項目	駅前棟	線路上空棟	鶴屋町地区
建築面積	約 8,500㎡	約 4,000㎡	約 4,000㎡
延床面積	約 136,000㎡	約 18,000㎡	約 30,000㎡
	オフィス	商業施設	駐車場
	約 65,500㎡	約 13,500㎡	約 800 台
	商業施設	その他	駐輪場
	約 62,000㎡	約 4,500㎡	約 1,000 台
	その他		
	約 8,500㎡		
最高高さ	約 195 m	約 50m	約 40m
階数	地上 33 階	地上 8 階	地上 9 階
	地下 4 階		地下 1 階

※（仮称）横浜駅西口駅ビル計画の「環境影響評価方法書」より作成

と思ったはずだ（開発予定のない地区もぶっ壊してCGできれいにしちゃってるしね）。

ＪＲだけでも約40万人、乗り入れする5社合計で一日平均、約76万人が利用する横浜駅と周辺の開発事業。すべてが完成するのはまだまだ先だが、完成時には超エキサイト出来るはずだよね？

1915年の開業から現在に至るまで一度も完全な「計画完成」をしたことがなく、工事しっぱなしの横浜駅。現在進んでいる計画が一段落するのは2019年だが、即座に次の計画が始まっちゃいそうだ

横浜中心地の一戸建て住宅街はもはや古びて高齢化が進む

ぶっ壊されずに残った野毛エリアは貴重だ！

ＪＲ桜木町駅の西側に出るとすぐ目に入るのが、地下鉄連絡口にある「野毛ちかみち」の看板。目の前にある国道16号と桜川新道を信号待ちなく、野毛側に渡ることができる近道（地下道）となっていて、逆側のみなとみらい側に比べ人影はまばらに感じるが、日が暮れてくると、野毛町～宮川町に向かうサラリーマンやお父さんたちでにぎわってくる。

足を踏み入れてみると、「小路」や「こうじ」、「中央」、「仲通り」、「柳通り」などの名前が付いた小路が縦横に伸びていて、野毛&宮川町一帯には小さな飲食店と古い住宅などがひしめきあう。飲食店街の外れにはソープもあり、日ノ出町に向かえばストリップあり、大岡川を渡れば福富町や伊勢佐木町ありで、巨大歓楽街の一部となっているだけでなく、ウインズ横浜が近くにあることで、かなり濃いオヤジ臭が漂う街となっている。

そんな野毛では、春に「野毛大道芸」が、秋に「野毛大道芸オータムフェスティバル」が、その他にも下町文化を継承する「野毛流し芸」などが開催されているが、この辺り一帯はかつて闇市がにぎわっていた。横浜の中心地の多くが進駐軍に接収された外側で日本人街として発展し「野毛に来れば何でもそろう」といわれるほどで、貴重なタンパク源だった鯨肉を販売していた「くじら横丁」は、戦後の象徴と紹介されることが多い。戦後復興の資料に野毛一帯にひしめくバラックの写真を見ることも多いはずだ。

その、ひしめきあうままの姿で現在に至った野毛エリアは、ぶっ壊して発展するが信条の横浜市にあって、とても貴重な存在。桜木町駅を挟んだ向こう側はみなとみらいという、横浜中心地の一等地でありながらこの風情。いつまでもぶっ壊されずにいてほしいと思うのは筆者だけだろうか？

街並みほど深刻に高齢化はしていない

そんな野毛から南西に広がるエリアは、横浜中心地の中でも有数の住宅街。しかも、横浜中心部でありながら、一戸建て住宅が多いエリア。となれば、結構なお金持ちが住んでいるのかと思いきや、そんなことは全然なさそう。住宅街をぶらぶら歩いてみると（不審者にならない程度に）、新しく建て替えられた家やマンションもたくさんあるが、ほとんどは昭和に建てられた感じ。中には朽ち果てそうなボロ家もある。

そんな古びてきてしまった住宅街だけに、気になるのはそこに住む人たちの高齢化。家が古くなれば人も等しく老いていくというのは自然の道理。というわけで、野毛町と戸部町、西戸部町、戸部本町に注目して、年齢層別人口と人口対比を調べてみよう。

これによると、野毛町を除いた戸部エリアは、各区のデータと比べ高齢化が進んでおり、18歳以下の人口が少ないということ。特徴的なのが西戸部町で、65歳以上の高齢者が多く、75歳以上の人口比率も非常に高くなっているが、18

歳以下の人口対比もかなり高い。これは一戸建て住宅で三世代が同居するという、理想的な家庭が多いことを示しているといっていいだろう。

　それでも、古びた住宅街の戸部エリアは高齢社会に突き進む現代日本が抱える問題を色濃く見せている。高度成長期にアメリカをお手本に核家族化が進んできた日本だけど、本家アメリカが失敗した今、その後を追わないことが重要なはず。横浜にはニュータウン開発より、こうした一戸建て住宅街の若返りを狙う政策の方が大切だと思うぞ！

野毛エリアの飲食店街には小さな建物がひしめきあう。横浜にぶっ壊されなかった貴重なエリアだ

ザ・昭和なニュータウンの完成形ともいえる戸部。いわゆるニュータウン症候群的な「高齢者オンリー」地帯になりつつある

昭和の色を残す商店街たちはさびついていても情緒あり！

生鮮食料品店が並びお惣菜の香りが充満！

中区と西区に広がる一戸建て住宅街は古びてきてしまっていたわけだが、もうひとつ、古びて昭和の色を残すモノがあったりする。それが商店街。野毛エリア一帯に広がる飲食店街もかなりいい味を出しているが、横浜中心地である中区、西区、保土ケ谷区には魅力的な商店街がある。もちろんその商店街は、上の写真で紹介されることが多い南区の横浜橋通商店街（隣接しているんで中区っぽくもある）や、神奈川区の六角橋商店街に勝るとも劣らない素敵な空間。平然と「商店街で買い物をしない！」なんて言い放っていたという東京型住民や移住民の人は、絶対に行ってみた方がいいぞ。

というわけで、中区、西区、保土ケ谷区にある商店街を見ていこう。規模の大きさでは「横浜西口五番街」、知名度的にはファッションの「元町商店街」、ゆずの「イセザキ・モール」がダントツなのだが、ココで注目したいのは昭和の色を残す商店街（商店街なんてどれも昭和にできているんだから、昭和の色を残していて当たり前なんだけど）。魚屋や肉屋、八百屋といった生鮮食料品店がいくつもあり、どこからともなくお惣菜のいい香りが漂ってくるような商店街のことだ。

あちらこちらの商店街を巡った中ですごかったのは、保土ケ谷区にある「洪福寺松原商店街」。これぞザ・昭和！　といった感じで、八百屋の屋根にうずたかく積まれた段ボールが名物。日曜日の夕方に行ったのだが、「アメ横」に匹敵するくらいの活気。ちょっと変わってるなって感じたのが、西区役所の近くから一本道で連なっている「西前銀座商店街」、「藤棚一番街」、「藤棚商店会」、「サンモール西横浜」。抜け道になるのを防止するためか道は蛇行していて、連なっているのに商店街ごとに少しずつ雰囲気が違い、商店街マニアにはたまらないはずだ。

ちょっと毛色が違うけど、中区にある「都橋商店街」は見た目にインパクト十分。商店街というより飲み屋街なのだが、大岡川にへばりつくように弧を描いて建っている姿はかなり異質。関内駅の地下にある「マリナード地下街」の香ばしさは、行けば必ず感じることができるぞ。

もちろん、情緒ある昭和な商店街は、横浜中心地以外にもたくさんある。神奈川区の「大口通商店街」は規模も大きくかなり有名。港北区の妙蓮寺駅西口側にある商店街（池之端の商店街）はまさに地域密着型といった感じで、規模は小さくとも味のある風情。商店街好きは要チェックだ！

これは横浜に限ったことではなく、全国的にいえることだが、昔ながらの商店街は大型スーパーや超巨大ショッピングモールに対抗できず、閉店に追い込まれてしまっていることが少なくない。しかも横浜は、ぶっ壊し精神でお洒落なモノを作り出すのが大好き。となると、どうしても古くささが感じられる商店街は、横浜が虎視眈々と狙うぶっ壊しエリア候補になってしまう危険性大！現存する魅力高き商店街には、これからも昭和臭を漂わせながらも情緒がある空間として、ぶっ壊されずに生き残っていってほしいね。

横浜っぽくない横浜の象徴たる横浜橋商店街。典型的な「ごっちゃな商店街」だ。ともかく激安なのが有名だが、実は多国籍化が進んでいる一画もある

打って変わってイセザキ・モールは「ザ・横浜」。だが、伊勢佐木モールも横浜橋商店街も、両方ともあるのが本当の横浜らしさというべきなのよね

昔ながらのごちゃごちゃ感保土ケ谷の再開発は急務だ！

保土ケ谷の再開発を道路と川が邪魔をする

横浜中心地の最後にピックアップするのは保土ケ谷。横浜市民でなくとも保土ケ谷という地名が意外と知られているのは、保土ヶ谷宿と巨大な道路があるから。それ以外に何か特別なモノがあるのかって聞かれると、なかなかピンとくる答えが見つからない。というより、実際に何も無い。

とにかくあるのは住宅街といったイメージの保土ケ谷区。そういえば、横浜国立大学って保土ケ谷だったたっけ？　でも、とりあえずはJR保土ケ谷駅へ。

エリアの名前が付いた駅というのは、当然、そのエリアの中心地というのが一般的。が、どうやらそれは間違いだったようだ。保土ケ谷駅に降り立って国道1号線側に出てみると、陸橋で道路を渡った先にバスターミナルがあるだけ。異質な存在感を放っているのは、国道1号線の駅側にある超レトロな東口商店街。交通量が多いこともあり、とにかく国道1号の存在感がありすぎる。

それなら、逆側が開けているのかというと、そうでもない。駅ビルがあるわけでもなく、とくに大きな商業施設も無い。バスターミナルを発着するバスと駐輪場が充実しているので、利用する住民も多いのだろうが、ＪＲ東海道線の横浜市内にある駅の一日平均の乗車人員数を見ると、保土ケ谷駅は約３万人強(平成21年度)。新子安駅や東神奈川駅よりは多いのだが、東戸塚駅には及ばず、鶴見駅や戸塚駅の半分以下でしかない。

駅前の風景で気になるのは、客待ちタクシーの多さ。「こんなに必要？」と思うほど停車しているが、確かに必要かも……と思わせるのが保土ケ谷の景色。月見台や富士見台にへばりつく住宅街に徒歩で行くのは結構辛いからね。

とにかく、横浜にあってちっとも都会的な感じがしない保土ケ谷駅前。見た目に汚い今井川が邪魔しているので、再開発するにも余計な予算がかかるんだろうけど、そろそろぶっ壊して発展させる横浜流を発動させていいかも！

保土ケ谷区の中心地は保土ケ谷じゃなく星川

そもそも保土ケ谷区の端っこにある保土ケ谷駅。じゃあ、保土ケ谷の中心地はどこなの？　ってことだが、なかなかそれらしき都会がない。そこで、区役所のある星川駅へ向かうため、こんなにきれいに整備する必要があったのか疑問でしかない、保土ケ谷駅前で行き止まりのような感じになる道（通行量もそれほど多くない）をまずは天王町駅へ。駅前にある保土ヶ谷宿の案内板と旧帷子橋跡を眺めて相鉄線に乗り込み、お隣の星川駅に到着。そこでは今、大々的な工事が着工していた。

行われているのは高架化工事で、駅そのものと周辺の線路を高架化して９つの踏切を無くすことで、周辺道路の渋滞緩和が期待されている。同時に、星川駅の南西側にあたる星川二丁目地区は再開発され、商業施設やオフィスビル、中層マンションなどが建設予定だ。

駅の反対側には、保土ケ谷駅前と同じく川（帷子川）があり、再開発するにはとても邪魔な感じ。川を渡ると区役所だけではなく、警察署や消防署、郵便局が集まっていて、まさにここが保土ケ谷区の中心地！　なのだろうが、中区や西区と比べると……。

それでも、日本硝子工業跡地の再開発で誕生した「横浜ビジネスパーク」も完全な徒歩圏内（最寄り駅は天王町駅）。あまりにもきれい過ぎて明らかに周囲から浮いた存在になっているのだが、星川駅からのルートを整備すれば、保土ケ谷にも堂々と中心地といえる場所ができるのでは？

雑多で有名だった保土ケ谷駅にも駅ビルが！　とりあえず今のところはまだ、多少周囲から浮いているが……。周りも釣られて変化していくのだろうか

かつては保土ケ谷宿として発展した保土ケ谷の住宅街。保土ケ谷駅の西口側には月見台、東口側には富士見台があり、山に家がへばりついているように見える。横浜市の住宅街のポピュラーな姿だ

保土ケ谷を有名にしているのはインターチェンジとバイパスだ！

保土ケ谷がどんなところか知らなくても、何となく聞き覚えがある人が多いのは、渋滞のメッカだから。第三京浜、横浜横須賀道路、国道1号、国道16号と交通量の多い道が交差する、新保土ケ谷インターチェンジ（ＩＣ）と保土ケ谷ＩＣ を結ぶ横浜新道や、新保土ケ谷ＩＣ と横浜町田ＩＣ を結ぶ保土ヶ谷バイパスの渋滞は、もはや名産物。ただ、渋滞を起こしている人たちにとって、保土ケ谷は単なる通過点なんだけどね。

関内と馬車道はジャズとやきとりで出来ている

官庁街の関内　地名がない馬車道

関内は、横浜市役所や神奈川県庁、横浜地裁、横浜税関、神奈川県警察本部、日本銀行横浜支店などなど、挙げていくときりがないくらいの官庁街である。その上、横浜スタジアムも関内駅南口からほど近く、その先には大桟橋があり、関内駅北口からは馬車道、伊勢佐木町が目と鼻の先にある。横浜観光スポットに「関内」があるのもうなずける。

ただ、大通り沿いには大きなオフィスビルが建ち並ぶが、大通りから一本入った通りには10階建てに満たないビルばかり。そんな裏通りを昼間歩くと、やたら目にはいるのが黒板に手書きのメニューである。いかにも横浜らしい、ちょっとオシャレな店構え。ランチの価格帯は650円〜1000円以内、ランチを楽しみたい女性が好みそうな店が多い。

ただ、道を歩きながらビルを見上げれば、そこにはお父さんたちを喜ばせる、小さなパブやスナックがたくさんある。そしてやたら目に付くのが「SUGA○」（○の部分は数字。16まで確認）という看板。上から下まで全部その手の店が入居しているビルで、夜の遊び場といえるだろう。

こうした街並みは馬車道の先まで続いているが、馬車道商店街を挟む両側だけ、ちょっと毛色が違う。神奈川県立歴史博物館など歴史を感じさせる洋風な建物があって雰囲気もいいが、いかにも「観光地です」的に街灯やベンチが置いてあり、気取った感じが漂うわりに観光客の密度は低そうだ。

こうした光景にも、観光地化に失敗している横浜を感じてしまうのだが、ベンチで本を広げ、ゆったりと過ごしているハマっ子を見つけたときに、横浜の風土に触れられるはずだ。

ちなみに、この馬車道もまた開港が起源で、外国人が馬車で往来していた姿から呼ばれるようになったが、地名ではない。中村雅俊の「恋人も濡れる街角」

の歌詞に登場するこの場所は、都市景観協議地区で関内地区とともに、景観が守られている。

景観を守りすぎてＪＡＺＺを感じない

そんな関内・馬車道を語る上で外せないのがＪＡＺＺ（ジャズ）である。もともと目立つ店構えでないジャズクラブやライブハウスだが、守られた景観でさらに見つけにくい気もする中、関内・馬車道地区だけでざっと数えても13軒はあるのだ。

この密集度合いは日本で一番っぽい（正確に調べられず）が、それはＪＡＺＺが最初に日本に入ったのが横浜だという説（神戸説・大阪説あり）があるくらい、早くからジャズが浸透しているからで、本牧あたりで米軍相手に成熟していった歴史があることも見落とせないポイントになる。

その証明ともいえるのが、横浜におけるジャズの祭典の多さ。本牧ジャズ祭、サマージャズ、旭ジャズまつり、港南ジャズフェスティバルといったイベントが、ジャズ大好きなハマっ子たちによって、毎年開催されているのだ。外国の異文化が流れ込んでくる港町であるが故に、常に新しいモノに触れてきたハマっ子。ともすればその異文化に飲み込まれそうになりながら独自文化を創ってきた自負が、横浜ですべてを完結させる横浜型住民のブランドとプライドなのである。

ただ、そんな横浜文化の象徴のような関内から歩いてすぐ、マリナード地下街を挟んで馬車道と反対側にあるのが、イセザキモールというのも横浜の凄いところである。官庁街の裏道にある歓楽街はまだいいとして、次ページから解説する伊勢佐木町の周りに集中する風俗街は、あまりにもその印象が強烈すぎる。

横浜中華街とその周り、横浜スタジアムと寿町といった、道一本隔てた場所のコントラスト。山手トンネルや野毛山トンネルを抜けたときの街並みのコントラスト。これもまた横浜を語る上で絶対に無視できない横浜の姿である。

このあたりが実は、本書の目的である東京型住民と横浜型住民の関係性を解くポイントなのだ。

奥に入れば面白い！表はスカスカイセザキ・モール

イセザキモールの魅力って何だ？

あの「ゆず」がアマチュア時代にストリートライブをよくやっていたイセザキモール。ミュージシャンとして成功する人間が自分を表現していたということは、イセザキモールにはそれだけの魅力があるはずだ。そんな想いを胸に、イセザキモールを訪れているらしき中高生をよく見かける。

関内駅、馬車道商店街側から南西に約１・２キロ、伊勢佐木町一丁目〜二丁目に渡って続くこのモールを訪れた若者は、正直ガッカリして帰る率が高そうだ。

昭和40年代半ばくらいまでは横浜随一の繁華街であった伊勢佐木町。青江三奈が「伊勢佐木町ブルース」を歌った頃は、ブルースが似合う街だったのかもしれないが、2008年10月26日にモールの顔だった松坂屋が閉店。前年の3月には横濱カレーミュージアムが閉館。どうしてもイメージ的に寂れている感が否めず、いくつかの老舗があったはずの場所にチェーン店が入り込み、どこにでもある商店街に見えてしまう。

それでも、商店街の人たちは元気そう。それと見てかなりご高齢であることがわかるボランティアらしきおじいさん達が、イセザキモールと書かれたブルゾンを着て美化清掃に努めている。閉店したばかりの松坂屋のスペースでも、イベントが行われる告知が打ってある。ハマっ子の地元愛が衰退を引き止めているのがよくわかる。

そう感じてよくよく見ると、地元の人たちっぽい人たちの往来がかなり多く、地元に根ざした商店街としてなら全然あり。こうした雰囲気が、実は「ゆず」も好きだったのでは？　なんてことを想像し、さっきの学生さんがそんな空気を感じ取って帰ってくれれば……なんてことを願ったのもつかの間、関内方面へ帰ろうと入った裏道の風景に驚かされた。

人通りが多いのは裏が面白すぎるから

さっきまで歩いていたイセザキモールと平行に走る道で見たのは、とてもじゃないが、女子供が歩けない場所。次ページで解説するが、イセザキモールを囲む地帯は、ディープな風俗街なのだ。

ということは……。イセザキモールの人の多さは、単純に裏道を通れないが故の副産物だったともいえるのでは？　なんてこったい！　散々、地元の愛で支えられている、なんて誉めて書いたのに、こんな結果が待ち受けているとは……。ただ、フォローをするわけじゃないが、ここイセザキモールに限らず、繁華街近くにあるショッピングモールなんて、どこもそんな感じだったりする。近くに風俗産業があると、ショッピングなんて所詮は副産物でしかない。表はスカスカでも裏はディープ。イセザキモールには、そんな言葉がぴったりだ。

伊勢佐木町商店街発祥は明治時代　そもそも「イセサギ」が読みづらい

明治時代から商店が集中したことで、今でも明治創業のお店が残っている。閉館した「横浜オデヲン座」は、洋画のフィルムの缶の封を日本で最初に切っていた封切館と呼ばれ、そこから封切という言葉が生まれた。今でもモールの周辺にはシネマが多い。もともと芝居小屋など興行の街として栄えた歴史があり、一時期は大相撲の興行もあったほどだ。ちなみに、当初は開発者の苗字にちなんで「イセサギ」と呼ばれていたらしいが、現在は「イセザキ」と読む。

伝統の風俗街福富町は逆風の中でも倒れず

福富町へ行くにはパスポートが必要!?

元町や本牧など、おしゃれで文化的な横浜。それは、観光客などの外部の人間がイメージする場所であって、それがすべてと思ってもらっちゃ困る。どこの都市でも「表」の顔があれば、必ず「裏」の顔があるのだ。ここでは横浜の中華街ならぬ無国籍タウン、アナーキーシティ・福富町を紹介する。

そこそこ発達した都市の繁華街には、こういった（？）エリアが存在するのだが、新宿の歌舞伎町や池袋北口の風俗街とも違う、なんともヤバ〜い雰囲気を持っているのが福富町のポイント。何がヤバいって、まず町並みに日本語が少ない。レンタルビデオ店や携帯ショップなどでも、広東語や韓国語、そしてタイ語で表記され、そこに日本語は併記されていない。もちろん、スーパーなども完全にあちらの方向けの食材ばかりで、日本でお馴染みの食べ物は皆無といっていいだろう。

中華料理店においても、韓国式中華や朝鮮中華など、明らかに日本人以外に向けた料理が多く、店内に響き渡る言葉も当然ながら異国語だ。軒先で売られている食べ物も、見たことのない内臓系の煮物や手羽（？）のような物に唐辛子をぶっかけた料理など、日本では見たことのない物ばかり。と、福富町の説明をしてみたわけだが、簡単に言ってしまえば、日本以外のアジア人に占領されてしまっている街なのだ。

圧力には屈しない福富町の底力

まあ、それだけだったら、韓国&朝鮮人の多い、東京の新大久保や大阪の鶴橋などと変わらないのだが、福富町が決定的に違うのは屈指の風俗街としての顔を持っていることなのだ。キャバクラはもちろん、風俗の代名詞ともいえるソープランド、おそらくは違法であるマッサージ系の店舗で街の大部分が構成されている。

福富町西通りあたりはソープランドが多く、激安店から超がつくほどの高級店まで、通りに沿って軒を連ねているし、中心部では明らかにスペシャルなマッサージ系も多い。見た目はただの飲み屋だが「お酒どうですか？　アソビもありますよ」と意味深に客引きをするやり手婆がいたり、ちょっと暗闇に行けば、立ちんぼが流ちょうな日本語でお客をラブホテルに誘っている。つまり、合法&非合法問わず、街全体が風俗で成り立っているのだ。

ただ、このアナーキーシティ・福富町にも、最近では警察による締め付けが強く、違法風俗店などは軒並みガサ入れを喰らっているらしい。とはいえ、ガサ入れを喰らった所で、おとなしく国へ帰る住民は福富町にはいない。上手く当てはまる言葉が見つからないのだが、例えるなら、韓国人のケンチャナヨ精神で（訳：そんなの関係ねー）、上手いこと乗り切り、福富町の繁栄を支えているのだ。言葉は違っても、福富町に住む住人の心意気はそんな感じだろう。

元々有名だったのに、みなとみらい線の開通で駅もでき、より一層観光地としての力を増した馬車道。ここはもう変な開発をする必要は全くないだろう

関内、馬車道、伊勢佐木町をつなぐマリナード地下街。規模はそれほどなく、生活感が漂う

横浜市トピックス

急速に変化した福富町の街並み

ここ福富町は、戦前は普通の商業都市であったが、戦後に進駐軍に接収され兵舎が造営されてしまい、１９５２年の接収解除まで街の発展が遅れてしまった経緯がある。接収解除後は歓楽街へと生まれ変わるのだが、そのどさくさに紛れて韓国系の人々が上手くアレして住み着いたのであろう。この地区にソープランドが多いというのも、そうした事情が関係しているかもしれない（ソープランドはパチンコ屋同様に経営者に韓国系が多い）。

ソープランドが多いので赤線地帯だったと思われがちだが、当時の赤線地帯は福富町ではなく、ちょっと離れた真金町付近だったようだ。まったく関係のない福富町が風俗産業で栄えているのに対し、元赤線地帯の真金町は、その面影はほとんどない。

もうひとつ、小ネタとして取り上げたいのが、福富町における欧米系の人た

自由に見えて独自のルールがある福富町。ルールを守った者だけが住人になれるのだ

ちの少なさ。東京の繁華街では、観光客も含めれば曜日問わずそこそこの人数を見かけるのだが、ここ福富町においては、横浜という立派な観光地が近くにあり、しかも、歴史的に見ても外国人が多いのに、見かけることがない。

歓楽街の中にはロシアンパブなどもあるが、完全にアジアンに向けたお店で、これを目当てに来る欧米人はいないだろう。

無国籍で、一見すると誰でも受け入れてくれる街と思いがちだが、福富町は意外にも排他的な街なのかもしれない。

マイナーエリア寿・黄金・弥生・曙町危険がいっぱい誘惑がいっぱい

さらに「高レベル」なディープタウン

横浜の裏の顔・福富町を知っただけでは、本当の横浜像は見えてこない。さらにディープで危険なエリアを中心に紹介していこう。

まずは、寿町。大阪のあいりん地区、東京の山谷に次ぐ、３番目に大きなドヤ街として知られている……って、日本にある大きなドヤ街はそもそも３つしかないのだが……ま、それほど特殊な地域だと思ってもらえれば問題ない。

ベストかワーストから分からないランキングに入っている寿町。関内駅から徒歩圏内にある場所ながら、他のドヤ街同様に治安はかなり悪い。よほど鈍感な人でない限りは足を踏み入れた瞬間に「なんかヤバい！」と、脳からエマージェンシーコールが発動されるはずだ。街中にはドヤと呼ばれる簡易宿泊所が多く存在し、コインシャワーやロッカールームなんかがある。普通の街だとあまり見られないこの三種の神器。それぞれ単体だと何ともないが、簡易宿泊所・コインシャワー・ロッカールームと集合すると、一気に危険な香りを放つのはなぜか？　例えるなら毛利元就の三本の矢とでも言おうか。いや、多分それとは違うが、まあ、伝えたいことは分かってもらえるだろう。

危険な香りがする原因は他にもある。ゴミの不法投棄がすごい。普通、街中のゴミ問題といえば、日時を守らない、分別をしないといった類のものだが、寿町に関してはレベルが違う。テレビやベッドは当たり前、畳なんてものまで放置されている。そんな街にすむ寿町の住民像は当然ながら……。街は住む人の鏡とよく言われるが、寿町にも見事に当てはまるとだけ言っておく。

そんな寿町だが、住民の半分が60歳以上という高年齢化が問題になっている。治安が悪く、ゴミも散乱、しかも住民は老人ばかり。こんな状況を放置している行政はどうなっているんだ！　と思う所だが、実は意外な形で頑張っているのだ。普通、生活保護を受ける場合、どこかに定住していなければいけない。

だが、ここの住人に限り、簡易宿泊施設を住まいとし、65歳以上で病気や怪我などを理由に働けなければ、生活保護を認定する措置をとっている。日雇い労働者が住む街は、高年齢化により福祉の街へと変貌を遂げているのである。

ただ、その生活保護が正しいかどうかは、ちょっと疑問が残る。生活保護を受けるために各地から寿町へ人が集まる。そして、さらに高年齢化に拍車がかかる。生活保護費も倍増していき、結果的に関係のない市民の税負担が増えると、なんか、基本的なことが解決されていないような気が……。しかも、ちょっと裏に入ればあっちの筋の方々の賭場らしきものがあるというウワサで、生活保護が本来の目的で使われているかどうかも、疑わしかったりする。

このエリアには春も売っている！

横浜の暗部は寿町だけじゃない。次は曙町から大岡川にそったエリアに注目だ。

まず、このエリアにはヘルスを中心とした風俗店が密集している通りがある。

店子すべてがヘルスというビルまであり、その姿は圧巻。人妻系から学園系まで、大抵のジャンルをカバーする。しかし、これだけでは横浜の暗部とはいえない。風俗店が密集していても、行政が許可を出しているので何ら問題ない。なぜここが暗部なのか。それは、違法風俗の代名詞、立ちんぼが出現するのだ。

詳しくは地図を見て欲しいが、大きく分けると3つのポイントに分かれ、それぞれ独自のジャンルで客を引いているようである。ホテルのそばで客を引くのが基本だが、ホテルからちょっと離れた、末吉町三丁目あたりに出現する立ちんぼには注意が必要。このゾーンの特徴としては、交渉に入るとホテルではなく、自宅に呼び込むスタイルらしい。4～5千円かかるホテル代が浮くと思えば納得できるのだが、美人局やマッサージ屋に連れて行かれタケノコはぎに合う可能性もある。誘惑に負けず、意地でもホテルへ行こう。

ただ、この手の情報は水物であり、必ずしも正確ではない。その辺はご了承願いたい。

横浜の歓楽街はかなり失われつつあるが、福富町はなんとか粘っている。とはいえ大分健全化が進んでおり、「イケナイアソビ」はここでも絶滅しそうだ

横浜市コラム 7

「横浜」と名の付く学校は凄かった

横浜の学校と聞かれて思い浮かべるのはどんなイメージだろうか。本書でも取り上げている、フェリスや雙葉、共立などのお嬢様私立は、横浜の表の代表校と言えるだろう。もうひとつのイメージでは、甲子園の常連校でもあるY高こと横浜商業高校か、あるいは横浜高校か。横浜ベイスターズを持つ横浜のお膝元にある名門校だけに、プロ野球選手も多数輩出している。

さて、ここで紹介したい横浜の高校の「凄さ」は、野球が強いとか勉強ができるとかいった「普通の凄さ」ではない。現在は大分変わっているだろうが、と前置きをしつつではあるが、90年代あたりまでの横浜の高校には、ある「バイオレンス事情」があった。

前述の横高、Y高に横浜隼人、このあたりの「横浜」と名の付く高校は、当

時生徒から教師、ついでにＯＢまですべて「鉄拳制裁当たり前」のバイオレンスさを持っていた。漠然とバイオレンスだった、といっても伝わりにくいだろうから具体例を挙げていくと、横浜にある高校が合同で行う運動部の合宿などがあった際に、横浜系の学校が幹事校となった場合は「キャプテンが意味なくぶん殴られる」ような光景が日常茶飯事。なぜ彼は殴られるのか？そこにはあまり意味はなく、毎年殴ってるから今年も殴る、程度の理由だった。自分で書いていても意味不明なのだが、本当に無意味に鼻血が出るまで横高、Ｙ高あたりの連中は殴り合うのである。

荒れている学校だったのかといえばそう

でもない（穏やかでもないが）。というよりも逆に校内での規律は厳しく、生徒は教師に対して絶対服従だった。生徒を服従させる手段もまた暴力で、やはり廊下ですれ違っただけでぶん殴られたりしていた。おかげでこれらの学校を卒業し、裏の商売を始めたヤの付くＯＢ達も、卒業してからさえも教師には直立不動で挨拶する。その筋の人よりも「横浜の教師」の方が格上なのである。

横浜系の学校に加えて、武相や法政二高、そして神奈川朝鮮学校あたりの生徒達は、ちょっと書くのは憚られるような抗争を繰り広げてもいた。が、高校生同士が喧嘩をするなんてのは、いわばどの地域でも当たり前にあった話だ。生徒も教師も納得ずくで殴り合っていた横浜の高校は、そういうのとはちょっと違った凄さを持っていたんである。……繰り返しますが、今は変わってると思いますよ。

第8章
横プラを拒否する土着エリアは川コンが蔓延

京浜工業地帯の代表鶴見区の実情と実態

イメージだけじゃない実際の治安も悪かった

現在、鶴見駅はシークレインと呼ばれるビルを中心とした再開発が行われている。商業施設やホテル、住宅、公共施設が入居予定となっているので完成すれば横浜らしい（？）駅へと生まれ変わるはずだ。名称の由来は「海」と「見る」のシー、「鶴」のクレインを合わせた造語らしいが、クレインという単語は起重機（クレーン）という意味もあるので工業地帯の鶴見にはピッタリ。しかし、世間一般の鶴見のイメージといえば、相変わらず工業地帯故の治安の悪さばかりが先行している気がする。ここでは、イメージにとらわれずに、現在の姿を分析してみよう。

まずは、鶴見署内で起きた犯罪発生件数を見てもらおう……といっても、鶴見署内での件数を見ただけでは治安が良いのか悪いのか分からないので、先に書いてしまうが犯罪件数は港北区に次いで2番目の多さ。つまり、世間のイメージを裏切ることなく鶴見区は治安が悪いと言える。大きな繁華街を持たないのに凶悪犯や粗暴犯、そして風俗犯が多いのを見ると、荒くれた労働者たちのストレス故の犯罪か？　風俗街を有する伊勢佐木署管轄内の犯罪が意外と少ない（総数1840件）のは、ストレスを発散させる場所があるからなのか、それとも警察による管理が行き届いているのか、どっちなんだろうね？

では、その風俗事情はどうかというと、鶴見駅周辺には風俗街と呼べる場所がなく、繁華街の中にピンサロやヘルスなどがポツリポツリとある程度。しかも、優良店ばかりとはいかず、以前は竹の子剥ぎ（基本料金を払ったのに別料金を要求される）をやるお店もあったようだ。金が入る←酒を呑む←風俗←竹の子剥ぎ←腹立ちまぎれに犯罪……という簡単な流れとは思わないけど、鶴見の風俗がもうちょっと大きければ全体的なレベルが上がり犯罪も減少傾向に向かう……ってさすがにそう簡単には改善はしないか？　ただ、鶴見で遊ぶのなら下調べはしたほうがいい、これだけは断言しておく。

もし、下調べもせずにヤバいお店に入ってしまったら、さっさと諦めて退店するしかない。お相手の嬢が甘い声を出して別料金をせがんでも、徹底的に無視して退店するように。払ったお金は勉強代として諦めよう（風俗店ではどんな事情があろうとも基本的には返金されないので）。マネージャーを呼ぶなどの強行手段に出られたら……その時はダッシュで逃げるしか道はない。あと千円払えば……なんて甘い考えで下半身丸出しにしてると、逃げることも出来ないぞ！

京急鶴見駅の前はほとんど風俗街といわんばかりの風景。ビジュアル面からも、あんまり治安が良さそうなイメージはわいてこない

神奈川県警のなかでも鶴見警察署はかなり忙しいほう？　犯罪認知件数は他の署と似たようなものだが、窃盗に関しては今も県内トップの有様だ

2014年度　鶴見署管内の犯罪認知件数

凶悪犯	殺人	1
	強盗	6
	放火	1
	強姦	2
	総数	10
粗暴犯	暴行	77
	障害	57
	脅迫	4
	恐喝	5
	総数	143
窃盗犯	すり	3
	窃盗	1418
	総数	1421
知能犯	詐欺	101
	横領	1
	偽造	13
	汚職	--
	背任	--
	総数	115
風俗犯	賭博	--
	わいせつ	16
	総数	16
その他刑法犯		252
犯罪総数		1957

※横浜市統計ポータルサイトより

横浜市トピックス

治安悪化の元凶　花月園のその後

花月園競輪場は1950年に当時、東洋一ともいわれた花月園遊園地跡に開設された。神奈川県・横浜市・横須賀市の各自治体が個別にレースを主催し、横浜市内で唯一の公営競技場でもあった。鶴見＝治安が悪い、というイメージを作り上げたのはブルーカラーの労働者だけでなく、この花月園競輪場があったことも大きな要因だろう。

そもそも公営ギャンブル場がある所は、良いイメージなんてあるはずもなく、有名芸能人を使って最大限にイメージアップを図った競馬ですら、実際に行ってみれば分かるように、ガラの悪い連中がワンサカしている（地方競馬は特にね）。ブルーカラーの労働者と公営ギャンブル場がタッグを組んだら、想像以上にガラが悪くなるというもの。治安の悪いイメージも自然と出来上がったというわけ。

そんな花月園競輪場だが、平成になってから売上が落ち込み、2010年3

競輪の開催はなくなったが施設は維持されている。練習などに利用されているようだ

月末をもって廃止されている。その後の跡地については神奈川県が『花月園競輪場関係県有地等の利活用に係る検討会』を設立し、公的、または民間企業が防災拠点としての整備や大規模開発を行う方向で話し合いが進んでいるようだが、借地権を主張する花月園側が提訴を行っており、開発自体は行われていない。

駅周辺の開発が進んでイメージチェンジを図ろうとしている時期だけに、この跡地も有効利用して鶴見区のイメージアップに繋がればいいのだが……そう簡単には行かないようだ。

横プラなんてクソ食らえ！地元愛のブルーカラーエリア

意外と反映されない地元に対する愛着度

前のページでは鶴見区の実情と実態の話をするはずが、ヤバい風俗から身を守るマニュアルへと脱線してしまった。役に立つ話（成人男性のみ）だが、興味の無い人はサラリと流していただきたい。で、ここからは鶴見区の住民の意識について解説してみよう。

タイトルにも書いてあるように、鶴見区、正確には鶴見区の住民には横プラ（横浜プライド）が無い。こう断言すると「住んでもねーのに何言ってんだ」とお叱りを受けると思うが、昭和から時が止まったような繁華街や先述した治安の悪さなどを考慮しても、鶴見区に横プラがあるとは思えない。駅前に出来たシークレインと呼ばれる施設は、横浜っぽいのだが駅自体はまだまだ工事中。まあ、完成した所で、鶴見区の場所と工業地帯として発展してきた歴史を考えれば、横浜よりも川崎に親近感を抱くのが普通だ。ただ、横プラが無いだけで、鶴見区に住む住民は地元結束型だと筆者は考えている。なぜなら、これまで地域批評シリーズで紹介してきた「主流から外れたエリア」は、いずれも地元を大事にする傾向があったからだ（東京都足立区や台東区など）。横浜市内において、主流とは呼べない街となる鶴見区も地元愛に溢れるエリアでは？　と思ったわけ。

そこで、注目してみたのが横浜市民の意識調査。これには現住地定住意向調査という項目があり、どれだけ地元を愛しているかが分かるのだ。ちなみに鶴見区の戸籍数は約9万8000戸籍で18区中1位、区内に住所を定めている世帯数も約12万6000世帯と港北区に次いで2位（平成21年度）。戸籍や住民の数が愛着度とイコールにならないのは承知だが、少なくともこの調査においてはマイナス要素ではないはず……と調べてみたのだが、残念ながら鶴見区民の定住意識は16番目。地元を愛するどころか地元を離れたがっている。ページ

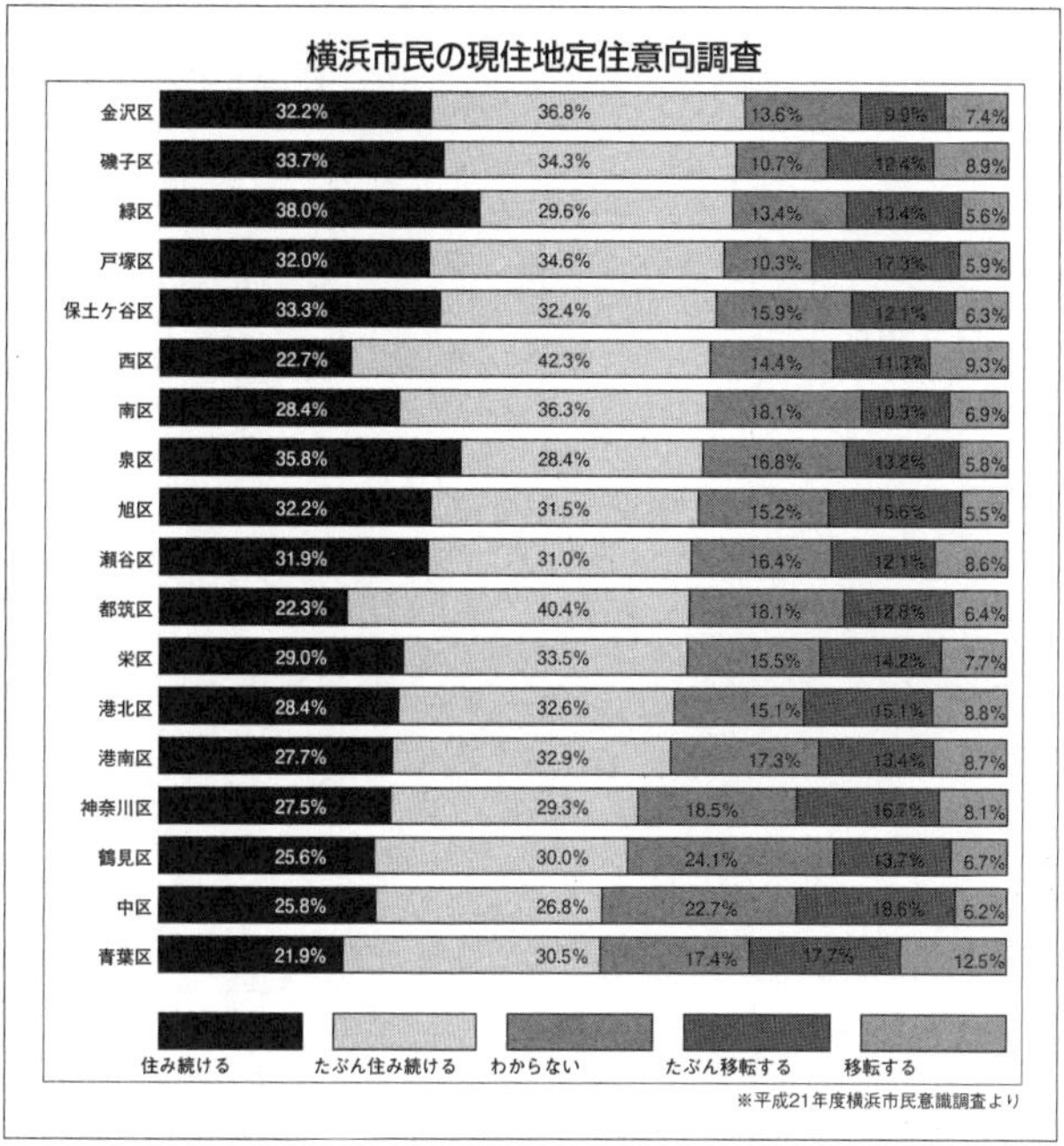

のタイトルにデカデカと「地元愛溢れる」と書いておいて、下から数えた方が早いとは。

予想に反した結果が出たわけだが、結果を詳しく見ると「分からない」と答えた住民が多いのは見逃せないところ。そもそも鶴見区はブルーカラーの労働者や在日外国人が多い街。近年の不況により仕事が安定しない人も多いだろう。そんな人に「住み続けるか?」と聞いても「明日のこともワカンネーのに、今後のことなんか分かるか！」と答えるはず。また、在日外国人にとっても「住み心地がいい」と「住み続けるか？」は別問題だろう。実際、「分からない」を含めた順位なら市内でも6番目とソコソコ（？）愛している街になるんだから、鶴見区は地元愛溢れる街ということでいいんじゃないでしょうかね？

鶴見区のガラの悪さは昔から？　日本最大の喧嘩「鶴見騒擾事件」

鶴見騒擾事件とは1925年に川崎の埋立地に建設される火力発電所をめぐって、任侠組織である三谷秀組と清水組傘下の青山組の間で起きた大げんかである。鶴見川から多摩川までの埋立地において、総勢1400人が拳銃や猟銃、仕込み刀といった武器を使い午後3時から夜の9時半頃まで抗争。多数の死傷者と500人以上の検挙者を出した。今考えるとけんかというよりは、ちょっとした内戦レベルの話だよね。

発展してるけど垢抜けない開発がビミョーな東神奈川

ハリボテ感漂う開発が東神奈川をダメにする

県名と同じく東海道の宿場町、神奈川宿から区名が取られた神奈川区。横浜市で初めて出来た区でもあり、名前のとおり「神奈川の中心！」と豪語する住民も少なくない。確かに、大野町・金港町・栄町にまたがって横浜ポートサイド地区と呼ばれる再開発地域を有しており、オフィスビルや高層マンションが建ち並ぶ姿は「まさに横浜！」なエリア。ただ、みなとみらい21と隣接しているため、神奈川区として認識する人は少なく、西区にあると思っている人も多い。そう考えると、神奈川の中心はおろか、発展具合では西区はもちろん、中区あたりにも負けている気もするのだが、住民の皆さんはどう思っているのだろうか？

そんな、横浜カーストの話はさておき、本書が神奈川区で注目したのは東神奈川駅を中心とするエリアだ。東神奈川駅周辺は、横浜ポートサイド地区のような巨大プロジェクトではないが、京浜急行・仲木戸駅を挟んだエリアを中心とした「かなっくシティ」と呼ばれる再開発が進められている。再開発ビル3棟をペデストリアンデッキで接続し、地上に降りることなく東神奈川駅と京浜急行・仲木戸駅の両駅を行き来が出来たり、歩道橋の架け替えやエレベーターが新設されるなど、使い勝手はなかなか良い。ペデストリアンデッキに屋根をつけて欲しい、という意見もあるようだがそこまで長い通路ではないので、無くても問題ないだろう（あれば便利だが）。それに加え、横浜駅へ1駅という立地と、再開発に合わせて建てられた大小のマンション群のおかげで、単身者から家族連れまで誰でもウエルカムな街になっている。

駅前の再開発も進み、マンションもたくさんある。ここまで見ると、とても順調に発展している東神奈川だが、その割には存在感が薄いような気が……。横浜駅前のような華やかさはないし、ニュータウンのように整備されている感じもしない。このビミョーな雰囲気の原因はなんなのだろうか？

まず思い当たるのが、再開発の中心地となった「かなっくシティ」側の街並み。きれいに開発を進めたとは思うが、全てをぶっ壊したわけでなく、ちょっと路地裏を入れば昔ながらの住宅街がある。いずれ開発されるのだろうが、現状では駅前だけを整備した中途半端な感じが否めない。また、駅から西口へと向かう通路が非常に古臭くイメージも悪い。せっかくタワーマンションに住んでも駅までの通路がこれじゃ台無しである。それと、東神奈川駅周辺にはまともな商店街がなく、ちょっとした買い物をするのにも、西口駅前のサティか「かなっくシティ」に行くしか無いのだ。その「かなっくシティ」も知名度で言えばかなりの低さで、東神奈川をビミョーなエリアにしている要因。正直、東神奈川といえば？　と聞かれても「かなっくシティ」と答える人は地元住民以外いないはず。答えたところで「何それ？」と言われることは必至だ。

横浜線の使えなさで元々ビミョーな感じだった東神奈川。再開発によって見た目はマシになったけど、調べてみればやっぱりビミョーなまんまだった。

東神奈川東口には開発中の看板が。街並みはまだあまり変化が感じられないが、再開発関連の資料を見ると、駅前を全部作り替える勢いでやりたいようだ

駅舎はすでにキレイになっている。他の街でもあった現象だが、とりあえず駅舎だけ進めておいて、無言のプレッシャーを古い街にかけているようにも

東口とは打って変わってやたらと開発の進んでいる東神奈川西口。
イオンも入っているこの巨大マンションはその象徴だ

横浜の物価指数を鼻で笑う！　昔ながらの六角橋商店街に注目!!

神奈川区で有名な商店街といえば六角橋商店街。白楽駅と六角橋交差点を結ぶ500メートルのメインストリートを始め、迷路のように張り巡らされた路地に数多くの商店が軒を連ねる。戦前から続く商店街だけに建物は正直ボロいが、安さと品ぞろえが売りで地元民のみならず区外から訪れる人も多い。イベントも多く、春から秋の毎月第3土曜日の夜には「ドッキリヤミ市」が開催されているぞ。

独自の色が出せない新子安はどこ所属？

現代の竜宮城と呼ばれる新子安の未来はどっちだ

神奈川区のビミョーなエリアとして忘れてはいけないエリアがもうひとつ、それが新子安駅周辺。日本ビクターの本社や日産自動車の工場、JX日鉱日石エネルギー横浜製造所などがあり、街の姿はまさに工業地帯。そのため、神奈川区にありながらも鶴見区と間違われるビミョーなエリアであった。

そんな新子安エリアに大きな変化が起きたのは2002年。新子安駅周辺の大規模開発によって「オルトヨコハマ」が誕生した。これにより駅周辺は、それまでの工業地帯のイメージを払拭させる今どきな街並みへと変化。駅前庭園都市と呼ばれるだけあって、「オルトヨコハマ」には相鉄ローゼンやファストフードなどの飲食店、そして郵便局や銀行のATM、クリニックまで完備されており、日常生活における基本的な用事を済ますことが可能。国道1号線、15号線、首都高速神奈川1号横羽線からのアクセスも良好で駐車場も完備している。「オルトヨコハマ」には大型マンションも併設されており、多くの住民がこの「オルトヨコハマ」を中心に生活しているといっても過言ではない。

ここまで見ると、駅前開発も済んでおり「全然ビミョーじゃないじゃん」と思ってしまうが、そう結論づけるのはまだ早い。何を隠そうここには「オルトヨコハマ」以外に何も無いのだ。しかも、近隣からのアクセスは良好なのに、魅力的な店舗が無いせいか休日でもマンションの住民しかおらず、かなり寂しい状態。頼みもしない子供がファストフード店を占領するのはもちろん、通路を占有し我が物顔で鬼ごっこをするぐらい人がいない（取材時の体験談）。浦島伝説の発祥の地としても知られるこのエリアにおいて、「オルトヨコハマ」を「現代の竜宮城」と売り文句にする不動産業者もいるようだが、外界の人がいない（来ない）竜宮城に見立てた皮肉なのかね。ちなみに、一般に知られている浦島伝説は持ち帰った玉手箱を開けてしまい老人になるというものだが、横浜の浦島伝説は観音像を持ち帰り、玉手箱は明けずに乙姫と永遠に人々の守護神になるというハッピーエンドな話らしい。いきなり老人になるのも厳しいと思うが、神になって俗世を捨てるというのも考えもの。元の生活に戻るという選択肢がないのであれば、「亀を助けない」という選択肢の話もあっても良かったような（つまんないと思うけど）。

話が脱線してしまったが、とりあえず、新子安駅の再開発は現時点では失敗気味。これまでの鶴見っぽさは脱却したといえるが、それにより独自色が無くなってしまっては本末転倒だろう。この状態を放置しておくと、竜宮城のように外界から孤立しそうな勢いである。新子安の未来は老人の姿か、それとも守護神となるのか。果たしてどちらであろうか？

駅前はシステマチックに開発され利便性は意外と高い。再開発で設置された歩道橋も使い勝手良し

横浜市歴史的建造物に認定されている「日本ビクター第一工場ファサード」。ただし取り壊し予定

横浜市トピックス

名称に難あり神奈川大学

神奈川大学は1949年に六角橋に設置された私立大学で箱根駅伝の強豪として知られており、1997年、1998年には箱根駅伝2連覇を達成、そして2011年は2年ぶりの出場を果たした。略称は頭の文字を取って「神大」なのだが、その略称を巡って議論がなされる事がある。関東（主に神奈川県）で「神大」といえば神奈川大学を指すが、関東以外（主に関西）で「神大」といえば神戸大学のこと。読み方は神奈川大学の「じんだい」に対して、神戸大学は「しんだい」となっているので正確には違う略称なのだが、漢字にすると一緒なのだ。

神奈川大学が私立なのに対し、神戸大学は国立。しかも、歴史的は圧倒的に後者のほうが古く、どちらが元祖かといえば神戸大学に軍配が上がるだろう。ただ、「神大」という言葉は神奈川大学が登録商標として登録しているので、

神奈川大学には付属の中学・高校があるのだが、エスカレーター式に入る人は少ないとか

実際にどちらのモノかと言われれば神奈川大学のモノなのかもしれない（異論はあると思うけど）。名称でいえば、横浜市内の大学にもかかわらず「横浜」の文字を使用していない。これは、学制改革による大学昇格時に官立の新制大学（現・横浜国立大学）と横浜市立の新制大学（現・横浜市立大学）との協議の末、各校とも「横浜大学」という名称は使用しないと協定が結ばれたため。普通に考えると、横浜国立大学こそ神大と名乗るべきだったような気もするが……。実際、神奈川大学を国立と思っている人、結構いるんだよね。

横浜市コラム 8

裕次郎も眠る曹洞宗の大本山「總持寺」

鶴見区内にある曹洞宗の大本山總持寺（そうじじ）。山号は諸嶽山（しょがくさん）。本尊は釈迦如来である。元は諸嶽寺と呼ばれた行基創建と伝えられる密教系の寺院で、1321年、当時の住持である定賢が悪夢を見て越中国永光寺にいた瑩山紹瑾（けいざんじょうきん）に寺を譲渡。瑩山紹瑾はこれを禅林として改め、總持寺と命名したのが始まり。当初は石川県の輪島市にあったのだが、1898年4月13日の大火で開山廟所である伝燈院経蔵といくつかの小施設を除いて焼失してしまった。その後、再建されたものの大本山に相応しい場所への移転を望む声が増え、1911年に現在の場所へと移転した。

特徴としては本尊となる釈迦如来像を安置する仏殿よりも、道元、瑩山紹瑾など歴代の祖師を祀る大祖堂の方が規模が大きいのと、移転してきた時期が比較的新しいため、近代の建立が大部分を占める（大祖堂、三門などは第二

次大戦後に建立された鉄筋コンクリート造）。ただ、移築された建物の中には近世末期のものもあり、仏殿をはじめとする主要建物の多くは20世紀前半の木造建築である。２００５年に仏殿を含む16件の建造物が登録有形文化財に登録されている。敷地面積は約50万平方メートルと広大で、境内には仏殿、大祖堂などの宗教施設だけでなく、鶴見大学などの学校施設もある。宗教系の学校のせいか金銭的理由により修学困難とされる学生に対して、奨学金の給付・貸与を行い修学を促しているのも特徴。また、「学部」とは独立して文部科学省からの嘱託で「図書館学講座」を１９５４年から一般に開講。全国でも珍しい「図書館

学課程」という学校教育法で定められた正規課程を一般に開講しているようだ。

緑のある著名人は俳優の石原裕次郎らが有名で、2009年の23回忌では新宿の国立競技場において總持寺の本堂を模した高さ約17メートル・間口約36メートルの本堂セットが組まれて盛大に行われたのも記憶に新しい。また、案内板も用意されているので、初めて訪れた人も安心してお参りできる。それ以外では、鶴見を工業地帯として発展させた浅野総一郎、終戦直後の日本政治の中心人物であった芦田均、第26代横綱・大錦などがここに眠る。

境内には横浜市で起こった鉄道事故である桜木町事故や鶴見事故などの慰霊碑があるのだが、鶴見騒擾事件の犠牲者の慰霊牌はない。事件の性質を考慮してかどうか分からないが、西武池袋線・江古田駅にある「曹洞宗・能満寺」に地蔵像が建てられているのみである。

第9章
横浜はナチュラルでいてほしい

横浜型住民と東京型住民が交わる日
新しい横浜の形が見えてきた！

相鉄・東急直結線が横浜を変える？

本書は、先に刊行された『日本の特別地域　これでいいのか横浜市』『日本の特別地域　これでいいのか横浜市2』を組み合わせたものである。さらに、今の横浜市とこれからの横浜市の現状を再取材したのである。原本の制作期間は2008年から2011年。この後も「ぶっ壊して発展」してきた横浜は、驚くほどの変化を遂げてきた。ただ、街が変化しても急に人は変わらない。相変わらず横浜型住民と東京型住民の分断は継続しているし、それはさらに深まった部分もあるだろう。

だが、どうも横浜市はこの「ふたつの人種」があることを変えようとしているようだ。その象徴的なものが、相鉄・東急の直結線である。

この直結路線。かなりの大事業である。横浜型住民の「ソウルライン」のひとつである相鉄線を、都心まで直結させようという計画だ。正確には「神奈川東部方面線」という。概要としては、相鉄本線西谷駅からJRの横浜羽沢駅を繋ぎ、新横浜経由で東急東横線の日吉までを結ぶというもの。総延長12・7キロもの連絡線が新設され、羽沢、新横浜、新綱島という3つの駅もできる。路線はそのままに駅の場所をちょろっと変えるだけ（これも目茶苦茶な大事業ではあるが）の直結ではなく、新しい路線ができる、という勢いのものだ。とはいっても、部分的には現在運行されている貨物路線や貨物駅を利用するもので、全部が全部、新設というわけでもないのだが、それにしてもかなりの大工事が必要なのは変わりがない。

当初、相鉄・JRの直通線が2015年度内、東急との接続が2019年と予定されていたが、ちっとも進まず、相鉄・JRの接続が2018年度中に変更された。この調子だと、東急との接続時期がズレでも不思議はない。だがここでは、大変なのがわかりきっている工事の苦労や問題点などではなく、「この路線が完成したら何が起きるか」を考えてみたい。

本書で見てきたとおり、横浜型住民はよく言えば地元愛に満ちている。つまり悪く言うと「横浜引きこもり」である。相鉄線は、良くも悪くもこの横浜型住民と共にある。横浜市南部の「横浜型住民の巣窟」から発車し、横浜駅でストップ。まさにニーズというか性向にドンピシャな路線である。沿線には、昭和中期から後期にかけて生まれた「○○ケ丘」的なニュータウンもあるが、これらの住民も多くは横浜に勤務し横浜で買い物をする「新しい横浜型住民」である。

さて、これらの横浜型住民が、相鉄から直接JRを経由し東横線にのる直結路線の完成で、引きこもりをやめるのだろうか。筆者は、その可能性がそれほどないのでは、と考える。いかに便利に東京へ行けたとしても横浜は横浜。東横線でいける渋谷も、それは確かにブランド力の高い「憧れの街」ではあるが、生粋の横浜型住民をして「横浜を捨てさせる」ほどの力があるかといえば、それはない。実際のところ、せいぜいがこれまで東海道線や京急線に乗り換えて東京へ通っていた人が便利になる、というくらいしかないだろう（これだけでも十分スゴいことではあるが)。

直結線の開通によってもたらされる効果は、こうしてみると現在の横浜市民にとってはそれほど大きなことではない。しかし、それでも直結線が完成すれば横浜には大きな変化が訪れるだろう。それは、おそらく「東京型住民が横浜型住民の居住区にやってくる」という現象だ。

横浜市は日本の「地方都市」の中では例外的に巨大な存在だ。だが、それでも国全体の傾向である人口減少の影響は受ける。推定では2019年をピークに、横浜市も人口減少の時代をむかえるという。はて、どこかで見た年である。そう、この「神奈川東部方面線」の完成予定年ではないか。これをみると、この路線の狙いは、現在の横浜型住民の利便性アップよりも、「人口減少時代に対抗する」手段なのである。

相鉄線沿線は、他の横浜市各地、それこそ青葉区などに比べれば「安い」土地である。昭和期のニュータウンは、東京で言えばまず世田谷、杉並などに富裕層が入り、80年代ごろから立川、八王子など市部に「夢のマイホーム」を構える流れがあった。相鉄線沿線のニュータウンは、この80年代からバブル期近辺に「23区に土地が買えない」層が入っていったわけだ。この後、東急が青葉区を「セレブ地帯」として開発し、東京型住民という大規模な「人種」が生まれた。この流れからいくと、相鉄線沿線は、少なくとも東京勤務という観点でいえば「二線級」の場所であった。

この「東京勤務」者が住む街としての相鉄線沿線を、「一線級」に引き上げるのが、横浜市の狙いと考えればどうだろう。人口減少の傾向がはっきりした近年では「都心回帰」の動きが活発だ。横浜市もこの影響をうけており、まず「横浜市の郊外」に移っていた人々が、横浜市に戻ってきた。そして、今度は「東京の郊外である横浜市」から、東京に人が「戻っていく」現象が起きると考えられている。

相鉄線の直結は、これに対抗する格好の武器となる。そして、さらにいえば「元々雇用がある横浜にプラスして、東京へも楽に通える」街としてのアピールが可能になる。これが、相鉄・東急直結運転がもたらす最大の効果ではないだろうか。

この効果が現れるとすると、これまで横浜型住民の独壇場であったエリアに、東京型住民が大挙して現れることになる。また、接続駅が日吉というのもポイントだ。日吉は市営地下鉄グリーンラインの接続駅でもある。つまり、東京型住民の根城である青葉区との接続ポイントが、強化されるのだ。今のところ、地下鉄としょぼい道路という「細い線」でしか繋がっていなかった横浜型住民居住区と東京型住民居住区のつながりが太くなることも考えられるだろう。

だが、一方でより「分断」が深まる可能性もある。「神奈川東部方面線」の新設部分の西谷から横浜を経由せずに新横浜経由で日吉へ向かうからだ。相鉄線沿線に「新たにやってきた東京型住民」は、「近くて便利な横浜」を無視して渋谷に向かってしまう可能性もある。東急田園都市線沿線は、まさにそのパターン。これによって、「人種隔離」が起きている。同じ事が起きる可能性もまた、大きいというべきだろう。

相鉄・東横線の直結が実現しても、短期的に住民傾向を大きく変えることはないだろう。が、いずれにしても将来的に、この両「人種」の分断が、緩和されるか深まるかどちらかの結果につながることは間違いないだろう。

地下鉄沿線で東京型住民も横浜を利用するか？

もうひとつの変化は、ついに発表された市営地下鉄ブルーラインのあざみ野、新百合ヶ丘間延伸計画によってもたらされる。こちらの場合は、おそらく「人種分断」の緩和に寄与するだろう。

ブルーラインの延伸計画でも、新たな鉄道駅ができる。予定ルートは現在あざみ野駅を利用している東京型住民の居住地域にモロかぶりだ。このエリアの住民は、現在バスに乗ってあざみ野駅に向かっている。ここに鉄道が通ればどうなるだろうか。都会人は、基本的にバスを見下している。徒歩で鉄道に乗ることを好む人種だ。そうなると、あざみ野住民は、これまで通りあざみ野駅を使うか新百合ヶ丘駅を使うかは別として「毎日市営下鉄に乗る」というスタイルに変化する。つまり、東京型住民が横浜に移動できる事実上唯一の手段である地下鉄が、今までの「滅多に乗らない」ものではなくなるのだ。人間は、基本的に決まったルーティンを変えたがらないものだ。東京型住民が距離的には近い横浜を無視して渋谷に向かっていたのは、市営地下鉄に乗る「習慣」がなかったことも大きな原因だ。しかしこれからは、家から徒歩圏内の毎日使っている駅で、「乗る方向を変える」だけで渋谷と横浜を選択できる。この心理的影響は計り知れない。新たに「市営地下鉄沿線民」となるあざみ野などの住民の、横浜との距離感がぐっと縮まるのである。

「市電復活」は可能性大　ドーム計画は不透明？

このふたつが、これから横浜に起こる最大の変化となるだろう。他にも、横浜市には大きなプロジェクトがある。まず「横浜市電」の復活ともいえる路面電車（ＬＲＴ）の構想だ。

今のところ大した情報が出ていないので不確かなものではあるが、漏れ聞こえてくるところによるとかなり計画は具体化してきているそうだ。横浜駅と山下公園・中華街をつなぐ路線、桜木町から本牧を通って根岸に向かう路線、横浜から生麦、生麦から海を渡って山下公園・中華街につながる環状線などの計画があるが、このうち横浜・山下公園路線と桜木町・根岸路線はルート設定がほぼ完了したという噂もある。このうち本牧方面は、昔の市電が通っていた本牧通りは通らないともいわれ、これが本当だとすると、市電廃線の悪影響を受けてしまった本牧は、またも無視されるのか、という話である。

この路面電車によって、中華街とみなとみらい地区の観光客集客力はかなりアップするだろう。みなとみらい地区にはカジノや新設のドーム型野球場の構想もある。カジノは大規模な法改正が必要なので一朝一夕にはいかないが、ドーム球場はかなり本気で議論されている。横浜スタジアムは、土地を横浜市、運営を株式会社横浜スタジアムが運営管理を行っていて、ベイスターズが毎年使用料を払っていた。この負担が、資金不足からくるベイスターズ不振の要因ともなっていた。ドームは、この解消にも寄与するといわれていた。だが、DeNAが横浜スタジアムの運営権を買収する計画がスタート。ドーム球場は大きな推進力を失った形となった。なんでも、神宮球場の改修を控えるヤクルトが横浜に移り、ベイスターズが新潟へ、なんて話もささやかれたが、球場の運営権に大金を払うDeNAが短期的にそれを行う可能性は低い。それとも、横浜に2球団という時代がくるのか？

富山ではかなり成功しているLRT。都市内のインフラとしては今世界の最先端な事業なので、「最先端」が自慢の横浜としては早く実現させたいもの

少々古さが目立ってきた横浜スタジアム。ドーム球場構想などでなくなってしまうかと懸念されたが、当面はこのままで存続していきそうだ

301

結局、横浜市民とはどんな人種なのだろうか

開港150周年を過ぎた横浜の裏道を歩こう

横浜市に住む人を「東京型住民」と「横浜型住民」に大別し生態を明らかにするべくここまで解説してきたわけだが、いかがだっただろうか。「ちょっと違うんだよな」とか「調査が足らん」、「横浜はもっと広いぞ」的なご指摘も多々あるとは思うが、東京型と横浜型それぞれの人たちが、お互いのことを「そうだったのか」と少しでも理解する材料になったと感じて頂けたことだろう。

また、横浜に対して「港町」「中華街」「ハマトラ」「ベイスターズ」といった漠然としたイメージしか持っていなかった人には、「横浜って面白いじゃん」と思える内容だったのではないだろうか。

開港１５０周年を過ぎた横浜。しかし、本書を読んだ読者の方々は、ありきたりの横浜観光に終始せず、裏道に転がっているディープな横浜を堪能できるようになっているはずだ。

ただ、これで終わってしまっては、東京型住民と横浜型住民の生態がわかっただけで、イマイチ全体的な結論がまとまってなくて気持ちが悪い。そこで、賛否両論はあるだろうが、「地域批評」独自の観点で横浜をぶった斬って、終わりにしていきたいと思うので、もう少しお付き合いいただこう。

横浜に住む人は基本的には幸せ者

まず、先に見たとおり、今後少しずつ変化していくかもしれないが、とりあえず今は東急田園都市線沿線に生息する東京型住民は確かに存在し、東急が築き上げてきたブランドイメージに乗っかって住居や車を買い求め、健康や教育に大いに気を使っている。しかし内情を探ってみると、本物の大金持ちは大していない人たちであった。

次に、港北ニュータウンに増殖している東京型住民の多くは、全国からの入植者であったが、快適さを追求して造られたあまりにも未来型の団地に、一部の人はアイデンティティを侵食され、時には無個性に追いやられてさえいた。

こうした東京型住民の根底にあるのは、「横浜」という地名が持つステータスと、そこにある「見栄えのいい住居」である。そのため生活については、彼らの中の隣近所ではそこそこバランスがとれているのが特徴だ。反感を買いそうだが、東京の高級住宅地を諦めながらも、何かしらのブランドは欲しかった人種が、東京型住民だといえるだろう。「傾いたマンション問題」でケチがついてしまったのがなんとも残念である。

横浜型住民を分析する際に注目した、相鉄・京急沿線にいたのは横浜原住民といえるだろう。そこには生活の安定感がゼロの人たちがいたり、治安にやや問題を抱えているものの、それも含めて、心地よく暮らしている人たちが多いようだ。山手・本牧に住む横浜型住民は、県内外にハマっ子のイメージを強く植え付けている存在であり、横浜ブランドと横浜というプライドを持った人たちが多かった。しかし、みなとみらいなど次々と出来ていく新しい横浜高級住宅地により、本牧通り商店街の廃墟化など、そのブランド力は安泰ではない。

つまり横浜型住民は今、新たに発生しつつある格差という大きな問題に直面しているのだ。これについては行政&企業の問題（何も横浜だけの問題ではなく日本各地での問題だからね）として後述するが、とにかく横浜が大好きで、横浜で遊びも生活も完結させて、横浜というブランドを守ろうと頑張っている人種が、横浜型住民といえるだろう。

ということで、両者を比較したときに、共通するのはやはり「横浜ブランド」であることは間違いない。戦後復興の心の支えとなった昭和の大スター「美空ひばり」、ストリートミュージシャンから全国区に羽ばたいた「ゆず」、その他にも多くの有名人を輩出している横浜。開港150周年を迎えた国際貿易都市の横浜。ハマトラを生み出したファッションリーダー横浜。日本で一番最初が多い横浜。ベイスターズの横浜。挙げていくとキリがない。

2年連続で住居意欲度ランキング（ブランド総合研究所調べ）の第1位に輝き、年を追うごとに人口が増えている。そんな魅力的な街に住んでいる横浜人。過疎化が進む街も多いという中、開発がどんどん進み、観光地としてもさらに魅力を増している横浜に住めているだけで、ある意味幸せだと思います。

開発の乱発で混迷する危険性大

ただ、そんな幸せが儚く崩れゆく危険性を秘めているのは、ここまでの解説の端々にあった通りである。みなとみらい21地区を行政や企業が開発を進めていくことによって、それまで魅力的だった本牧のような場所で、空洞化が発生してしまっている。横浜市全体としては人口が増えているのにこうした現象が起きているのは、無策に開発を進めているからに他ならない。新しい開発も必要だが、上大岡やたまプラーザで見られる「再開発」こそ、これから横浜のあちらこちらで重要となってくるはず。当然、相鉄・JR・東急の直通運転を見越した再開発が進むことで、横浜中心地になんらかの影響があるのは確実だろうが、本質的な意味で横浜は変わらない。何故なら、そうした横浜文化がすでに完成されているからで、それは解説してきた通りだからだ。

それに横浜には、キバリ過ぎともいえる行政のバックアップもある。ちょっとだけ観光下手で、渋滞緩和に対する整備が怠慢でも、市民のことを思えばこその禁煙や有害図書の指定。大岡川沿いの取り締まりが厳しい（文化の破壊といえなくもないが……違法はよくないか……）のも、記念すべき横浜開港150周年事業やイベントによる観光客招致に、かなり本気で取り組んでいたのは記憶に新しいところだろう。

さらにさらに、横浜行政には様々なマイナス要因に取り組もうという姿勢は見える。中区が発表している白書には、寿地区のことが明記され、そのデータも公開している。また、ハマルール（喫煙禁止地区）やポイ捨て禁止条例だって、国際的観光地であればもはや当たり前のことだ（このくらいのマナーはスマートに受け入れちゃうっていうのが、ハマっ子のイメージに合うしね）。

新しいことにばかり目がいって横浜文化を壊すようなことがない限り、もっともっとキバってくれたっていいくらい。実際、いつ終わるともわからないレベルで横浜駅が改修されているし、各地で再開発が進んでいる。今時、何本もの鉄道や路面電車の計画を組めるのは横浜市くらいなものだろう。どちらかといえばかなり頼りになる行政。それが横浜の良いところでもある。

神奈川でなく横浜　そう答えてほしい

さて、長きにわたって「横浜」を解説してきたが、どれほど共感してもらえただろう。確かに、重箱の隅をつっつくようなことや、完全なるダメ出しがあったかもしれない。しかしその全てが、批評するだけの魅力や面白さがある横浜に対するエールであることをご理解いただきたい。

出身地や住んでいる場所を聞かれたら、神奈川県と答えずに、臆面もなく「横浜」と答える。横浜ブランドを愛し、横浜住民であることにプライドを持っている。

そのプライドは、今のところ横浜型住民と東京型住民では意味合いが異なっているのだろう。今後の再開発で、もしかするとその「異なり」がさらに大きくなってしまうかもしれない。しかし、それでも彼らは同じ「横浜」である。それぞれのプライドがいつか合わさり、大きな横浜プライドが新たに確立する日も、きっとくることだろう。

横浜市の「さぁ歩こうヨコハマ」は健康運動の標語。LRT計画や鉄道網の強化で、自動車交通量の削減もまとめて狙っているのかも

あとがき

つくづく感じたのは、やはり横浜市というのは恐ろしい街だということだ。なんといってもやることなすこと規模が大きい。本シリーズでは神奈川県の「3大政令指定都市」を全て扱っている。川崎市にしても、相模原市にしても、鉄道の延伸や新設、主要駅の大規模再開発など、全国的に見てもかなり激しい開発を行っている、もしくは行おうとしている。それらに比べても横浜市のそれは抜きんじて大きい。

これは、そもそもの横浜市が巨大で、国家的にも重要な港だったことが当然影響している。だが、現在の過激なまでの再開発は、「本来横浜が持っていた潜在的な力」をようやく発揮し始めたからではないだろうか。

思えば1990年代。横浜の街というのはちょっと古くさかった。東京の主要駅が次々と改装され、巨大でキレイになり、それまで多少なりとも残っていた「戦後の闇市」っぽさが完全になくなったのが90年代。その流れに横浜は取り残されていた。

本書では、横浜市民でありながら、まったく横浜らしさのない「東京型住民」をちょっと穿った眼で見ている。それは、元来の横浜市のイメージや伝統を大事にしたいという意志が、どうしても出てしまうからだろう。だが今、横浜市がこれだけ発展をするようになったのは、90年代以降にやってきた東京型住民の力も、かなり大きく「効いている」はずだ。なんといっても、それまで広い畑だった内陸部に、いきなり30万人もの新しい住民がやってきたのだ。それも、本書で見てきた様に、東京型住民は一定以上の富裕層がメイン。この急激な「人口増加」で蓄えた力を、今横浜市は発揮しているのである。それも、東京型住民のおかげで蓄えた力を横浜型住民の住む街に投入する形で。ちょっと贔屓が過ぎるような印象もあるが、まあ横浜のアイデンティティを守るためにも、これが「正解」だとは思う。

さて、本書のメインテーマである横浜型住民と東京型住民の乖離は、今後どうなっていくのだろうか。直接的に大きな影響があると思われる相鉄・東横線の直通や地下鉄の延伸は、お話ししてきたとおりどちらに転ぶ可能性もある。肌感覚でいえば、このふたつの住民、いや「人種」は、永遠に乖離したままのような気がするし、またそうあるべきかも、なんて思ったりもする。

だが、人口減少の時代だ。横浜が、その強大な力をもって抗っても、やはり人口は減っていくだろう。もしかすると、横浜型だ、東京型だと分けていられないほどの人口減少をむかえるかもしれない。

その時、おそらく本当の新しい「横浜市民」が生まれる。ある意味、今の横浜市民は日本人の中でも「上澄み」だ。資産は乏しいかもしれないが、高給取りがメインの東京型住民、オシャレで進歩的なのが伝統である横浜型住民。この傾向は、ちょっとやそっとでは変化しないだろう。少子化の影響で教育熱が高まる一方の昨今だ、もっと先鋭的になるかもしれない。

現在の予測には、2050年までには日本の人口は1億人を切り、22世紀には4千万人台になるというものもある。実に3分の1レベルの現象だ。だが、江戸時代の日本人は3千万人台といわれている。一億人を突破したのはかなり最近で1970年だ。そう考えると、今が多すぎで、22世紀には適正人数に戻るだけなのかもしれない。そんな時代には、人数よりも個人の（総合的な）力が必要だろう。ここで、ある意味「エリート」の集まりである横浜市がさらに輝く。経済的にも、文化的にもレベルの高い今の横浜人の子孫ならば、人口が減ってゆったりと使えるようになった横浜を、より一層素晴らしい街として、維持発展させてくれるはずだ。

だからこそ、今ある横浜の伝統、プライドは大切にしなければならない。横浜型住民と東京型住民は、必要に迫られるまで乖離しっぱなしでもかまわない。だが、今のように完全に乖離しているのではなく、お互いがお互いをちゃんと知った状態で、別々の暮らしができないだろうか。本書に描かれたふたつの人種の特徴をみると、それぞれ優れた点も欠点もあることをわかってもらえるはずだ。別に参考にしてマネしたり、相手の悪いところを直させようとする必要はない。だが、ちゃんと知っていることで、何かの役に立つことは確実だ。

日本人は、全体の勢いが衰えると多様性を失い、右に倣えになる悪い癖がある。でも横浜は大丈夫だ。ふたつの相反する人種が、変な敵対もせずにちゃんと並立して生活できている。まさにこれこそが、横浜のもっとも優れている点なのではないかと、今思うのだ。

参考文献

【横浜市】
・横浜市 政策局 統計情報課
『横浜市統計書』各年度版
・横浜市 財政局 財源課
『ハマの台所事情』各年度版
・横浜市 財政局 財源課
『横浜市の財政状況』各年度版
・横浜市立大学
『横浜　いま／むかし』横浜市立大学　1990年
・「図説。横浜の歴史」編集委員会
『図説・横浜の歴史』
横浜市市民局市民情報室広報センター　1989年
・横浜開港資料館・横浜市歴史博物館
『開港場横浜ものがたり　1859—1899』
横浜開港資料館　1999年
・加藤祐三
『開国史話・かなしん150選書01』
神奈川新聞社　2008年
・横浜開港資料館
『ペリー来航と横浜』横浜開港資料館　2004年
・横浜郷土研究会
『野毛の山から百五十年を見れば…』横浜郷土研究会　2008年
・野毛飲食業協同組合
『味な街野毛ワールド』野毛Hana＊Hana　2010年
・横浜市建築局
『中区都市計画図　平成21年4月現在』横浜市建築局　2010年
・横浜市建築局
『港南区都市計画図　平成21年4月現在』
横浜市建築局　2010年
・横浜市建築局
『西区・南区都市計画図　平成21年4月現在』
横浜市建築局　2010年
・横浜市南区役所総務課
『統計で知るみなみ　平成21年度』
横浜市南区役所総務課　2009年
・サトウマコト
『鶴見騒擾事件百科　1925年12月21日』
230クラブ　1999年
・八木澤高明
『黄金町マリア　横浜黄金町路上の娼婦たち』
ミリオン出版　2006年
・戸塚カントリー倶楽部三十年史編集委員会
『戸塚カントリー倶楽部三十年史』
戸塚カントリークラブ　1991年

・横浜市戸塚区役所
『40万人の40年史　戸塚』　横浜市戸塚区役所　１９８０年
・新一開発興業株式会社街づくり編集室
『民間活力で生まれた街　東戸塚』
新一開発興業株式会社街づくり編集室　２０１０年
・横浜市教育委員会学校教育部小中学校教育課
『横浜の歴史 平成18年度版・中学生用』
横浜市教育委員会学校教育部小中学校教育課　２００６年
・横浜市
『横浜市　中期４か年計画　２０１０～２０１３
～市民と歩む「共感と信頼」の市政～』　横浜市　２０１０年
・横浜市都市経営局政策課
『横浜市民生活白書　２００９』　横浜市都市経営局政策課
２００９年
・横浜・川崎都市政策研究会
『横浜・川崎計画地図　ビジネス発想の大ヒント集』
かんき出版　２００６年
・伊川公司
『ハマことば』　神奈川新聞社　２０００年
・齋藤美枝
『鶴見花月園秘話　東洋一の遊園地を創った平岡廣高』
鶴見区文化協会　２００７年

【その他】
・東洋経済新報社
『週刊東洋経済　４月３日特大号』　東洋経済新報社　２０１０年
・木村聡
『赤線跡を歩く　消えゆく夢の街を訪ねて』　筑摩書房　２００２年
・宮田道一
『東急の駅　今昔・昭和の面影　80余年に存在した１２０駅を徹底
紹介』　ＪＴＢパブリッシング　２００８年

【サイト】
・横浜市
http://www.city.yokohama.lg.jp/front/welcome.html
・横浜市ポータルサイト
http://www.city.yokohama.lg.jp/ex/stat/
・警察庁
http://www.npa.go.jp/
・神奈川県警
http://www.police.pref.kanagawa.jp/
・国土交通省
http://www.mlit.go.jp/
・文部科学省
http://www.mext.go.jp/

・法務省
http://www.moj.go.jp/
・フェリス女学院大学
http://www.ferris.ac.jp/
・神奈川大学
http://www.kanagawa-u.ac.jp/
・國學院大學
http://www.kokugakuin.ac.jp/
・首都高速道路株式会社
http://www.shutoko.jp/
・ＡＰＥＣ ＪＡＰＡＮ ２０１０
http://www.apec2010.go.jp/
・横濱開港１５０周年
http://www.yokohama150.org/y150/
・鶴見国際交流事業推進委員会　わっくわく TSURUMI ひろば
http://www.tsurumi-intl.com/
・あーすぷらざ
http://www.k-i-a.or.jp/plaza/
・横浜みなとみらい21公式ウェブサイト
http://www.minatomirai21.com/
・曹洞宗大本山總持寺
http://www.sojiji.jp/
・日産スタジアム
http://www.nissan-stadium.jp/
・戸塚カントリー倶楽部
http://www.totsuka-cc.com/
・神奈川県立金沢文庫
http://www.planet.pref.kanagawa.jp/city/kanazawa.htm
・シーサイドライン／横浜新都市交通
http://www.seasideline.co.jp/
・みなとみらい線
http://www.mm21railway.co.jp/
・横浜市立野毛山動物園
http://www.nogeyama-zoo.org/
・よこはま動物園ズーラシア
http://www.zoorasia.org/
・横浜　八景島シーパラダイス
http://www.seaparadise.co.jp/
・三井アウトレットパーク　横浜ベイサイド
http://www.31op.com/yokohama/
・海の公園公式サイト
http://www.umino-kouen.net/
・ＪＲ東日本
http://www.jreast.co.jp/
・駅ビルポータルサイト「駅パラ」
http://www.ekipara.com/index.html
・相鉄 Style
https://sotetsu.net/

・タウンニュース
http://www.townnews.co.jp/
・ＪＸ日鉱日石エネルギー株式会社
http://www.noe.jx-group.co.jp/
・青葉台東急スクエア
http://www.aobadai-square.com/opening.html
・共同通信社
http://www.47news.jp/news/
・朝日新聞
http://www.asahi.com/
・読売新聞
http://www.yomiuri.co.jp/
・毎日新聞
http://mainichi.jp/
・産経新聞
http://www.sankei.com/
・日本経済新聞
http://www.nikkei.com/
・東京新聞
http://www.tokyo-np.co.jp/
・asahi.com
http://www.asahi.com/news/
・BIGLOBE
http://www.biglobe.ne.jp/
・スポニチ
http://www.sponichi.co.jp/
・公団ウォーカー
http://codan.boy.jp/index.html
・こどもの国
http://www.kodomonokuni.org/
・横浜の商店街
http://www.yokohama-syoutengai.com/
・横浜の下町「野毛」公式ホームページ
http://www.noge-net.com/
・いきな下町横浜橋通商店街
http://www.yokohamabashi.com/
・黄金町エリアマネジメントセンター
http://www.koganecho.net/
・たまプラーザ テラス
http://www.tamaplaza-terrace.com/
・ヨコハマポートサイド
http://www.portside.ne.jp/
・東急電鉄
http://www.tokyu.co.jp/index.html
・ほっとなかやま　中山商店街協同組合
http://www.hot-nakayama.info/
・ＪＡ田奈
http://www.jakanagawa.gr.jp/tana/

・ＵＲ都市機構
http://www.ur-net.go.jp/
・ららぽーと横浜
http://yokohama.lalaport.jp/
・高島屋
http://www.takashimaya.co.jp/
・明治屋
http://www.meidi-ya.co.jp/
・スーパーマーケット成城石井
http://www.seijoishii.co.jp/
・あざみ野　三規庭
http://www.mikitei.jp/
・ＢＩＲＤＳ 港南台バーズ
http://www.konandai-birds.com/
・戸塚駅西口「トツカーナモール」
http://totsukana-mall.net/
・ｍｉｏｋａ　上大岡駅前都市型ショッピングセンター
http://www.mioka.jp/
・上大岡ショッピングゾーン camio
http://www.camio.jp/
・本牧サティ
http://www.mycal.co.jp/saty/shop/honmoku/index.html
・相鉄グループ
http://www.sotetsu.co.jp/index.html
・京浜急行電鉄オフィシャルサイト
http://www.keikyu.co.jp/index.html
・HOME'S 不動産投資
http://toushi.homes.co.jp/
・相鉄建設
http://www.sotetsu-const.com/index.html
・マイコミジャーナル
http://journal.mycom.co.jp/index.html
・ヨコハマ経済新聞
http://www.hamakei.com/
・都市鉄道利便増進事業　相鉄・ＪＲ直通線、相鉄・東急直通線
http://www.chokutsusen.jp/index.html
・イザ！
http://www.iza.ne.jp/
・相鉄不動産
http://www.sotetsufudosan.co.jp/index.asp
・建通新聞
http://www.kentsu.co.jp/index.html?relogin
・日経ＢＰ セカンドステージ
http://www.nikkeibp.co.jp/style/secondstage/
・川崎市
http://www.city.kawasaki.jp/
・さいたま市
http://www.city.saitama.jp/index.html

・名古屋市
http://www.city.nagoya.jp/
・大阪市
http://www.city.osaka.lg.jp/
・福岡市
http://www.city.fukuoka.lg.jp/
・千葉市
http://www.city.chiba.jp/

●編者

小森雅人

1970 年、埼玉県行田市生まれ。フリージャーナリスト。クレバーワークス代表。父方の実家が平塚市、母方の実家が川崎市で、横浜市とは微妙な距離感があったが、前回の「これでいいのか横浜市」に参加したことで横浜に異常に詳しくなる。Canon EOS シリーズ片手に取材地を歩き回り、コアな分析であちこちの地域を批評中。

川野輪真彦

1976 年、茨城県生まれ。編集プロダクションを経て、ライター兼エディターとして独立。以降、ギャンブル系雑誌から本書に至るまで様々な書籍に携わる。大学時代を神奈川県で過ごした経緯もあり、前作の「これでいいのか横浜市」に続きライターとして参加。調べれば調べるほど世間のイメージとかけ離れる横浜市の実態は、実にライター泣かせの街だと実感。

藤江孝次

M大学在学中はほぼ毎日アルバイトに精を出していたため、大方の予想通り留年を重ねてフェードアウト。編集兼ライター業務に携わって 15 年以上で、東京を含む首都圏周辺の県には全て住んでいるが、何故か神奈川県だけは在住歴がない。今回の取材では横浜の現在と過去を学び、いずれは住んでもいいかなと少しだけ思っている。

地域批評シリーズ④　これでいいのか 神奈川県横浜市

2015 年 12 月 21 日　第 1 版　第 1 刷発行

編　者　小森雅人
　　　　川野輪真彦
　　　　藤江孝次
発行人　武内静夫
発行所　株式会社マイクロマガジン社
　　　　〒 104-0041　東京都中央区新富 1-3-7 ヨドコウビル
　　　　TEL 03-3206-1641　FAX 03-3551-1208（販売営業部）
　　　　TEL 03-3551-9564　FAX 03-3551-9565（編　集　部）
　　　　http://micromagazine.net/
編　集　髙田泰治
装　丁　板東典子
イラスト　田川秀樹
協　力　㈱ n3o　㈲クレバーワークス
印　刷　図書印刷株式会社

※本書の内容は 2015 年 11 月 10 日現在の状況で制作したものです

2015 Printed in Japan　ISBN　978-4-89637-543-5　C0195